COLETTE

CW01637662

La Lune de pluie

Postface par

Gérard Bonal

Couverture de

Beniamino Orteski

ÉDITIONS MILLE ET UNE NUITS

COLETTE
n° 267

Texte intégral
Première édition de la nouvelle dans *Chambre d'hôtel*,
Éditions Fayard, 1940.

Notre adresse Internet : www.1001nuits. com

En couverture, Colette. D. R.

ISBN : 2-84205-465-2

Sommaire

COLETTE

La Lune de pluie

La Lune de pluie

« Je peux, me dit la vieille jeune fille, oui, je peux très bien vous rapporter moi-même, chaque fois, la copie dactylographiée, puisque vous préférez qu'elle ne soit pas confiée à la poste.

– Oui ? Ce serait gentil à vous. Vous n'auriez pas la peine de venir prendre mon manuscrit, je vous apporterais mon texte au fur et à mesure. Je sors à pied tous les matins.

– C'est très sain », dit Mlle Barberet.

Elle sourit superficiellement et remit en place sur son épaule droite, en dessous de l'oreille, l'une des deux petites chipolatas de cheveux blonds filetés de blanc, que serrait sur sa nuque un ruban de taffetas noir. Ce détail de coiffure n'empêchait pas que Mlle Barberet fût tout entière correcte et agréable aux yeux, de la prunelle bleu pâle au pied maigre, de la bouche fine et tôt vieillie à la main délicate dont les osselets jouaient sous une peau transparente. Son col de linge frais repassé, sa robe noire unie appelaient l'accompagnement de la paire de manches en lustrine, attribut des anciens scribes. Mais les dactylographes, qui n'écrivent pas, n'usent plus leurs manches sous les coudes…

« Vous êtes privée momentanément de votre secrétaire, madame ?

– Non… La jeune fille qui copiait mes manuscrits vient de se marier. Mais je n'ai pas de secrétaire. Je ne sais que faire d'une secrétaire, figurez-vous. J'écris tout. Et puis mon appartement est petit, j'entendrais trop la machine à écrire…

– Oh ! je comprends, je comprends, dit Mlle Barberet. Ainsi je travaille pour un monsieur qui n'écrit que sur la moitié de droite des pages. Un moment j'ai tapé par intérim pour M. Henri Duvernois qui ne voulait que du papier jaune clair… »

Elle excusa en bloc, d'un sourire entendu, toutes les manies de ceux qui noircissent le papier, et rangea dans une chemise – je remarquai qu'elle assortit la couleur du cartonnage au bleu de mon papier – les quelque soixante feuillets que j'apportais.

« J'ai habité ce quartier, autrefois. Mais je ne reconnais plus rien… On a aligné, construit ; la rue même a disparu, ou changé de nom… Je ne me trompe pas, mademoiselle ? »

Mlle Barberet enleva ses lunettes par amabilité. Ses yeux bleus cessèrent alors de me voir, et son regard privé de but se perdit dans le vague.

« Oui, oui, je crois, dit-elle sans conviction. Vous devez avoir raison.

– Il y a longtemps que vous habitez ici ?

– Oui, oui », dit-elle vivement.

Elle battit des cils comme si elle mentait.

« Je crois qu'autrefois une bordure de maisons, en face, masquait la pente… »

Je me levai pour m'approcher de la fenêtre et sortis du cirque de clarté que l'abat-jour en tôle verte rabattait sur la table. Mais je ne vis pas grand-chose du paysage extérieur. Les lumières de la ville n'entamaient guère le bleu du soir, qui vient tôt en février. Je soulevai du front le rideau d'étamine, et m'appuyai de la main à l'espagnolette. Aussitôt, je ressentis le léger vertige, plutôt agréable, qui accompagne les rêves de chute et de vol... Car je serrais dans ma main l'espagnolette singulière, la petite sirène de fonte moulée dont ma paume, après des années, n'avait pas oublié la forme. Je ne pus m'empêcher de me retourner d'une manière brusque et interrogative.

N'ayant pas remis ses lunettes, Mlle Barberet ne s'aperçut de rien... De son visage obligeant et myope, mon interrogation alla aux murs de la chambre, presque entièrement couverts de sombres gravures sur acier encadrées de noir, de chromolithographies reproduisant Chaplin – la femme blonde au collier de velours noir – et Henner, et même, frivolité devenue rare, de cadres en glui, dont les jeunes filles aujourd'hui ne savent plus assembler les tubes de paille blonde. Entre un agrandissement photographique et un faisceau d'épis de seigle barbu, quelques pouces carrés du papier de tenture restaient nus : j'y distinguai des roses dont la couleur survivait à peine, des liserons violets tournés au gris, et des fibrilles de feuillage bleuâtres, bref l'ombre d'un bouquet, répété cent fois du haut en bas des murs et que je ne pouvais pas ne pas reconnaître. Les deux portes, à droite et à gauche de la cheminée aveuglée où s'ajustait un poêle, me devinrent aussitôt intelligibles et, par-delà leurs deux vantaux pareils, clos, je revis tout ce que j'avais autrefois déserté.

Derrière moi, je pressentis désagréablement que Mlle Barberet devait trouver le temps long, et je renouai la conversation.

« C'est joli, cette vue…

– Surtout, c'est clair, pour un premier étage. Vous permettez que je range vos pages, madame, je m'aperçois qu'il y a une erreur de numéros. La trois est après la sept, et je ne vois pas la dix-huit…

– Ça ne m'étonne pas, mademoiselle Barberet. Rangez, rangez… »

« Surtout, c'est clair »… Clair, cet entresol dans lequel j'allumais en toute saison, presque à toute heure, sous la rosace du plafond, un petit lustre ? Au même plafond s'épandit une soudaine aurore jaune. Mlle Barberet venait d'allumer une coupe de verre veiné imitant l'onyx, qui rejetait la lumière à la rosace centrale, la même rosace de pâtisserie sous laquelle, autrefois, un rameau de métal doré fleurissait en cinq corolles d'opaline bleue.

« Beaucoup d'erreurs, mademoiselle Barberet ? Beaucoup de ratures, surtout.

– Oh ! je travaille sur des manuscrits beaucoup plus chargés. La seconde copie, je la fais en violet ou en noir ?

– En noir. Dites-moi, mademoiselle…

– Je m'appelle Rosita, madame. C'est tout de même plus gentil que Barberet.

– Mademoiselle Rosita, je vais abuser de votre complaisance… Je m'aperçois que j'ai apporté tout mon texte disponible, et je n'ai pas de brouillon. Si vous me tapiez la page 62, je l'emporterais, pour faire ma soudure…

– Mais tout de suite, madame, c'est l'affaire de sept minutes, je tape vite, sans me vanter. Asseyez-vous, je vous en prie. »

Tout ce que je voulais, c'était justement rester quelques minutes, chercher dans cette pièce les traces, s'il y en avait, de mon séjour, m'assurer que je ne me trompais pas, m'étonner qu'un papier de tenture préservé par l'ombre ne fût pas, après des années, une loque déshonorée… « Surtout, c'est clair… » Une opération d'assainissement, ou simplement la spéculation, avait donc rasé, de l'autre côté de la rue, toutes les maisons riveraines qui, autrefois, me cachaient le versant inconnu d'une colline parisienne…

À droite de la cheminée – un petit poêle à bois, flanqué de sa provision de lattes, de pavés goudronnés et de vieilles voliges, ronflait discrètement – je voyais une porte et, à gauche, une porte pareille. Par celle de droite, j'entrais dans la chambre à coucher. Celle de gauche accédait au petit vestibule, prolongé par un réduit dont j'avais fait une salle de bains, en y installant une demi-baignoire sabot et l'appareil à gaz. Une autre pièce, très sombre, assez grande, que je n'habitais pas, servait de garde-meuble. Quant à la cuisine… Cette cuisine minuscule réintégra mon souvenir avec une extrême vivacité de couleurs ; son « potager » à l'ancienne mode, dallé de faïence bleue, recevait en hiver la visite d'un rayon de soleil qui glissait jusqu'au fourneau-cuisinière, démodé lui aussi, juché sur des pieds très hauts et légèrement Louis XV. Quand je ne pouvais, comme on dit, plus durer, j'allais dans la cuisine. J'y trouvais toujours une occupation : fourbir le tube articulé du bec de gaz, passer un canevas mouillé sur les carreaux de faïence bleue, vider l'eau d'un bouquet fané et, d'une poignée de gros sel humide, rendre au vase sa limpidité.

Deux bons grands placards, du type placards à confitures, une cave qui ne contenait qu'un casier à bouteilles, veuf de bouteilles…

« Je finis tout de suite, madame… »

Ce que j'aurais surtout voulu revoir, c'était la pièce à droite de la cheminée, *ma* chambre, son unique fenêtre carrée, son alcôve ancienne dont j'avais démonté les portes. La merveilleuse chambre, sombre d'une part, claire de l'autre ! Elle eût convenu à un couple heureux et clandestin, mais elle m'était échue alors que j'étais seule, et fort loin du bonheur…

« Merci beaucoup. L'enveloppe est inutile, je plie la feuille dans mon sac… »

La porte d'entrée, rabattue d'une main vive, claqua. Un son est toujours moins évocateur qu'un parfum, pourtant je reconnus celui-là et je tressaillis en même temps que Mlle Barberet. Puis une seconde porte, celle de *ma* salle de bains – une porte en bois mince, chantante comme une lame de xylophone – fut fermée plus doucement.

« Mademoiselle Rosita, si j'ai assez bien travaillé, vous me reverrez lundi matin vers onze heures. »

Feignant de me tromper, j'allai vers la droite de la cheminée. Mais entre la porte et moi je trouvai Mlle Barberet, infiniment prévenante :

« Pardon. C'est de l'autre côté... »

Dehors, je ne pus m'empêcher de sourire, m'apercevant que j'avais dévalé les degrés sans défiance ni faute, et que mes pieds savaient encore, si j'ose écrire, l'escalier par cœur. Du trottoir, je toisai *ma* maison, méconnaissable sous un fard de torchis. Le vestibule, lui aussi, se déguisait bien, et rappelait à présent, avec sa plinthe de céramique verte et rose, la funeste fraîcheur des villas que la Riviera construit en série. L'ancienne crémerie, à droite de l'entrée, vendait maintenant des accordéons et des banjos. Mais, à gauche, le « Palais de la Friandise » restait intact, sauf une couche de peinture crème. Dragées roses dans les coupes, boules groseille à pleins bocaux, la menthe couleur d'émeraude et les caramels beiges... Et les pavés au café, et les caustiques croissants à l'orange... Et les bonbons lenticulaires enrobés d'argent comme les pastilles vermifuges, parfumés à l'anis... Au fond du magasin, je reconnus aussi, sous l'enduit qui les nappait, les cent petits tiroirs à nombril saillant, le comptoir bas, mouluré, toute la jolie menuiserie des boutiques qui datent du Second Empire, et la balance à l'ancienne, dont les plateaux de cuivre étincelants ballent sous le fléau, comme des escarpolettes.

J'eus une brusque envie d'acheter ces rectangles de réglisse, noirs, dits « petits pains de Tortosa », d'une saveur si corsée que rien, après eux, ne paraît mangeable... Une sexagénaire mauve m'accueillit. Ainsi survivait à elle-même la belle confiseuse blonde d'autrefois, qui aimait tant le bleu ciel. Elle ne me reconnut pas, et, dans mon trouble, je lui demandai des fondants à la menthe, que je ne puis souffrir. Le lundi suivant, j'aurais l'occasion de revenir chercher les petits pains de Tortosa, qui donnent un si mauvais goût à l'œuf frais, au vin rouge et à tous les autres comestibles.

À mes dépens, j'ai eu le temps d'éprouver que la tentation du passé est chez moi plus véhémente que la soif de connaître l'avenir. La rupture avec le présent, le retour en arrière et, brusquement, l'apparition d'un pan de passé frais, inédit, qu'ils me soient donnés par le hasard ou par la patience, s'accompagnent d'un heurt auquel rien ne se compare, et duquel je ne saurais donner aucune définition sensée. Haletant d'asthme parmi la nue bleuâtre des fumigations et le vol des pages une à une détachées de lui, Marcel Proust pourchassait un temps révolu. Ce n'est guère le rôle des écrivains, ni leur facilité, que d'aimer l'avenir. Ils ont assez à faire avec l'obligation de constamment inventer celui de leurs héros, qu'ils puisent d'ailleurs dans leur propre passé. Le mien, si j'y plonge, quel vertige ! Et quand c'est son tour d'émerger, imprévu, d'offrir à la lumière actuelle sa tête de sirène mouillée, ses jeux décevants d'hôte des profondeurs, je tiens à lui encore plus fort. Outre la personne que je fus, il me révèle celle que j'aurais voulu être. À quoi bon employer, aux fins de la connaître mieux, des moyens et des individus occultes ? Les devins et les astrologues, les liseuses de tarots et les chiromanciennes ne veulent pas de mon passé. Entre les figures, les épées, les coupes, les îlots du marc de café, mon passé s'inscrit en trois phrases. La voyante déblaie brièvement les « vicissitudes » révolues, quelques « succès » sans marque ni conséquences définies, et plante sur le tout, vite, la rose de plâtre d'un aujourd'hui veuf de mystère, d'un demain auquel je ne demande rien.

Parmi les devins, ils sont rares ceux à qui notre contact octroie un don éphémère de seconde vue. J'en ai rencontré qui s'en allaient victorieux à rebrousse-temps, cueillant dans mon passé des images précises, d'une vérité aveuglante, puis ils me naufrageaient au milieu d'un attrayant désordre de gens morts, d'enfants de jadis, de dates, de sites, et, d'un bond, ils prenaient pied dans mon avenir : « Dans trois ans, dans six ans, votre situation va s'affermir... » Trois ans ! Six ans ! Excédée, je les oubliais et leurs promesses aussi.

Mais la tentation demeure, et un prurit précis, auquel je ne cède pas, de gravir des étages ou manœuvrer un ascenseur, m'arrêter à un palier, et sonner trois fois... Voyez-vous que j'entende un jour, par-delà la porte, mon pas qui s'approche, et que ma propre voix me demande, bourrue : « Qu'est-ce que c'est ? » Je m'ouvre à moi-même et, bien entendu, j'ai ma robe d'autrefois – quelque chose comme une jupe plissée d'écossais sombre et un chemisier à col droit. Ma chienne de 1900 hérisse son poil en m'apercevant double, et tremble... La suite manque. Mais, pour un beau cauchemar, c'est un beau cauchemar.

Pour la première fois de ma vie je venais, en entrant chez Mlle Barberet, de rentrer chez moi. La coïncidence m'occupa l'esprit pendant les jours qui la suivirent. J'y cherchai, j'y mis du piquant. Qui donc m'avait indiqué Mlle Barberet ? Justement ma jeune dactylo qui quittait son emploi pour se marier. Elle se mariait avec un beau garçon qui « prenait », comme on dit, une salle de culture physique dans le quartier de Grenelle, et qu'elle avait tenu à me présenter. Pendant qu'il m'expliquait, avec la certitude de m'intéresser vivement, qu'aujourd'hui les quartiers à usines font la fortune des salles de culture physique, j'écoutais son léger accent de province. « Je suis de B..., comme toute ma famille... », dit-il incidemment. « ... Et comme l'auteur de certains déboires qui me furent cuisants », achevai-je en moi-même. Déboires sentimentaux, s'entend. Ce sont les moins dignes d'être rapportés, mais ils se comportent parfois de la même façon qu'une coupure dans le fond de laquelle on cache un fragment de cheveu : ils cicatrisent mal.

Ce deuxième homme de B..., il s'était dissous, ayant rempli ses obligations envers moi, qui consistaient à me rejeter, pour des fins inconnues, dans un lieu connu. Il m'avait semblé doux, un peu lourd comme les jeunes gens que la culture physique mal comprise fatigue et ensommeille, brun avec de beaux yeux méridionaux, comme sont souvent les natifs de B... Il entraînait la jeune fille exaltée, maigre jusqu'à l'égarement, qui copiait mes manuscrits depuis trois ans et pleurait dessus quand mon récit tournait mal...

Le lundi suivant, vers onze heures, j'apportai à Mlle Rosita le médiocre fruit – douze pages – d'un travail sans amour. Rien ne me pressait d'avoir la copie double d'un mauvais premier jet, rien, sinon le plaisir, le risque d'affronter l'ancien petit appartement. « Bon pour cette fois-ci encore, me disais-je, et puis je jouerai à autre chose. » Cependant, ma main douée de mémoire cherchait au long du chambranle le joli galon de perles, ma sonnette prétentieuse d'autrefois, et trouvait un bouton électrique.

Une personne inconnue m'ouvrit aussitôt, ne me répondit que d'un signe et m'introduisit dans la pièce aux deux fenêtres, où Mlle Barberet me rejoignit.

« Avez-vous bien travaillé, madame ? Le mauvais temps ne vous a pas trop fâcheusement impressionnée ? »

Sa petite main froide s'était vite retirée de la mienne et disposait à leur place juste, sur l'épaule droite, tout près du cou, les deux anglaises nouées d'un ruban noir. Elle me souriait avec la sollicitude modérée que professent les infirmières bien apprises, les « nurses » des grands dentistes et les personnes, d'âge et de fonctions mal définis, qu'on rencontre dans les académies de beauté.

« Mauvaise semaine pour moi, mademoiselle Rosita. En outre, vous aurez du mal à me lire.

– Je ne crois pas, madame. Une écriture ronde est rarement illisible. »

Elle me regardait aimablement : derrière les verres épais, le bleu de ses yeux semblait se délayer.

« Figurez-vous qu'en arrivant je croyais m'être trompée d'étage, la personne qui m'a ouvert…

– Oui. C'est ma sœur », dit Mlle Barberet, comme si elle eût voulu, en la contentant, limiter mon indiscrétion.

Mais, quand la curiosité vous tient, nous n'avons guère de vergogne…

« Ah ! c'est votre sœur… Vous travaillez ensemble ? »

La peau transparente de Mlle Barberet frémit sur ses pommettes.

« Non, madame. Tous ces temps-ci, la santé de ma sœur a eu besoin de ménagements. »

Cette fois, je n'osai insister davantage. Quelques instants encore, je m'attardai, dans mon salon devenu bureau, à contempler sa clarté accrue, je tendis vainement l'oreille à ce qui pouvait retentir au sein de la maison et au fond de moi-même, et je m'en allai, emportant un romanesque butin de conjectures. La sœur malade – et pourquoi pas folle mélancolique ? Ou languissante d'un malheureux amour ? Ou frappée de monstruosité, et tenue dans l'ombre ? Voilà comment je suis, quand je me laisse aller.

Je n'eus pas le loisir de mener plus loin, les jours suivants, ma personnelle extravagance. À cette époque-là, F.-I. Mouthon m'avait demandé un roman-feuilleton pour *Le Journal*. Cet homme pénétrant et frisé en était-il à sa première erreur ? En toute honnêteté, j'avais protesté que je ne saurais jamais écrire le feuilleton qui eût convenu au public d'un grand quotidien. F.-I. Mouthon, qui semblait là-dessus mieux informé que moi-même, avait cligné son petit œil d'éléphant, secoué son front crêpelé, haussé sa lourde épaule, et je m'étais mise à écrire un roman-feuilleton, que vous chercheriez en vain parmi mes œuvres. Seule Mlle Barberet connut les chapitres avant que je les déchirasse. Car, en fin de compte, je ne m'étais pas trompée : je ne savais pas écrire un roman-feuilleton.

Au retour de ma seconde visite à Mlle Barberet, je relus les quarante pages « tapées ».

Et je me jurai de besogner, comme on dit, d'arrache-pied, de me priver de marché aux puces et de cinéma, et même du déjeuner au Bois... Il ne s'agissait pourtant pas d'Armenonville, ni même de la Cascade, mais de plaisants repas impromptus sur l'herbe, meilleurs si Annie de Pène, précieuse amie, m'accompagnait. Les jours attendris ne manquent pas, dès février. Nous prenions nos bicyclettes, un pain frais bourré de beurre et de sardines, deux « friands » feuilletés à la saucisse, acquis chez un charcutier près de la Muette, et des pommes, le tout ficelé au long d'une gourde clissée, pleine de vin blanc... Pour le café, nous le buvions du côté de la gare d'Auteuil, bien noir, bien insipide, mais brûlant, et sirupeux à force de sucre...

Peu de souvenirs me sont restés aussi sentimentaux que celui de ces repas sans couverts ni nappe, de ces promenades sur deux roues. Le ciel frais, la pluie en gouttes, la neige en grains, l'herbe rare et roussie, la familiarité des oiseaux... Ces bucoliques s'accommodaient d'un certain état de l'âme, éloigné du bonheur, craintif mais obstiné à l'espoir. J'ai achevé d'y refroidir un chagrin à petites larmes réticentes, une douleur sans grands mouvements, bref un amour noué juste assez mal pour qu'il se dénouât plus mal encore. Ces périodes, au cours desquelles des remèdes anodins triomphaient d'un mal que je jugeais grave, croit-on que le souvenir en pâlisse aisément ? Déjà je les ai, ailleurs, comparées aux « blancs » qui apportent de l'air et de l'ordre entre les chapitres d'un livre. Le langage de l'imprimerie, qui n'y voit pas malice, nomme « les belles pages » ces clairières blanches où le texte, refoulé, ne commence qu'à mi-feuillet. J'ai bien envie – il est vrai que c'est sur le tard – d'appeler « beaux jours » les jours où le travail, la flânerie, l'amitié se faisaient la part large, au détriment de l'amour. Beaux jours, sensibles à la lumière extérieure, découvertes involontaires des sens relâchés et oisifs – il n'y avait pas bien longtemps que je goûtais cette vacance, lorsque je fis la connaissance de Mlle Barberet...

Je fus, et pour cause, trois semaines sans retourner chez elle. Prenant en dégoût mon roman-feuilleton chaque fois que je tentais d'y introduire le « mouvement », l'aventure rapide et un brin de terreur, je m'étais attelée à des nouvelles pour *La Vie parisienne.* Aussi est-ce ragaillardie et le pied léger que je gravis les pentes du …ème arrondissement. Ne sachant si Mlle Barberet aimait les « petits pains de Tortosa », j'achetai pour elle plusieurs bouquets de perce-neige serrés en une seule botte, et qui n'avaient pas encore perdu leur très faible parfum de fleur d'oranger.

J'entendis accourir, derrière la porte, ses petits talons sur le parquet sans tapis. Je reconnais plus vite le pas que la silhouette, la silhouette que la figure. Il faisait beau dehors et dans la pièce aux deux fenêtres. Entre les agrandissements photographiques, les « études » de sous-bois et les cadres en glui liés de faveur rouge, le soleil de février achevait de consumer sur le papier de tenture les derniers contours de mes roses et de mes liserons bleus…

« Ce coup-ci, mademoiselle Rosita, je ne viens pas les mains vides ! Voilà des petites fleurs pour vous, et voilà deux nouvelles, vingt-neuf pages manuscrites…

– C'est trop, madame, c'est trop…

– C'est la mesure. Il faut treize pages bien tassées pour une nouvelle de *La Vie parisienne.*

– Je parlais des fleurs, madame…

– N'en parlez pas. Et vous savez, lundi, je sens que je vais vous apporter… »

Derrière ses lunettes, les yeux de Mlle Barberet s'attachaient à moi et oubliaient de dissimuler qu'ils étaient rouges, meurtris, pleins d'eau amère, et tristes au point que j'interrompis ma phrase. Elle fit un geste de la main, et murmura :

« Je vous demande pardon, j'ai des ennuis... »

Peu de femmes gardent dans les larmes leur dignité. La vieille jeune fille chagrinée pleurait simplement, domptait avec décence le tremblement de ses mains et de sa voix. Elle essuya ses yeux, ses lunettes, me fit une sorte de sourire d'un côté de la bouche.

« Il y a des jours... C'est à cause de la petite, je veux dire de ma sœur.

– Elle est malade, je crois ?

– D'un sens, oui... Elle n'a aucune maladie, dit-elle vivement. C'est depuis qu'elle est mariée. Ça lui a changé le caractère. Elle me bouscule... Tous les ménages ne peuvent pas être bons, c'est entendu... »

Je n'aime pas beaucoup les malheurs conjugaux d'autrui, auxquels je reproche une inévitable parenté avec mes déceptions personnelles. Aussi voulus-je promptement laisser la dolente Barberet et la sœur mal mariée. Mais, au moment de la quitter, à travers la vitre grossière d'une des fenêtres, une soufflure de verre touchée par le soleil projeta, sur la paroi opposée, le petit halo d'arc-en-ciel que je nommais, autrefois, la « lune de pluie ». L'apparition de l'astre illusoire me précipita si rudement dans le passé que j'en restai sur place, immobile, enchantée...

« Regardez, mademoiselle Rosita... Comme c'est joli... »

Je posai le doigt sur le mur, au centre d'un petit astre cerné de sept couleurs.

« Oui, dit-elle. Nous connaissons bien ce reflet. Ma sœur en a peur, figurez-vous.

– Peur ? Comment, peur ? Pourquoi ? Qu'est-ce qu'elle en dit ? »

Mlle Barberet sourit de ma vivacité.

« Oh ! vous savez... Des bêtises, des inventions d'enfant nerveuse... Elle dit que c'est un présage... Elle l'appelle son petit soleil triste, elle dit qu'il ne brille que pour lui annoncer du mauvais... Dieu sait quoi encore... Comme si les réfractions du prisme, vraiment, pouvaient influencer... »

Mlle Barberet sourit avec supériorité.

« Vous avez raison, dis-je lâchement. Mais ce sont de jolies fantaisies de poète. Votre sœur est un poète qui s'ignore. »

Les yeux bleus de Mlle Barberet fixaient la place du fantôme coloré, qu'un nuage passant venait d'éteindre.

« C'est surtout une jeune femme pas raisonnable.

– Elle habite l'autre... une autre partie de l'appartement ? »

Le regard de Mlle Barberet glissa jusqu'à la porte close, à droite de la cheminée.

« Une autre partie, c'est beaucoup dire. Ils avaient choisi... Sa chambre et son cabinet de toilette sont séparés de ma chambre. »

Je fis « oui, oui » de la tête, comme me le permettait une parfaite connaissance des lieux.

« Est-ce que votre sœur vous ressemble ? »

Je me faisais douce, et parlais sans timbre, comme on parle aux endormis pour qu'ils répondent du sein de leur sommeil.

« Me ressembler ? Pour ça, non ! D'abord, il y a une certaine différence d'âge entre nous, et elle est brune. D'ailleurs, pour le caractère, nous n'avons rien l'une de l'autre.

– Ah ! elle est brune… Il faudra, un de ces jours, que vous me la fassiez connaître… Rien ne presse ! Je vous laisse mon manuscrit. Si vous ne me voyez pas lundi… Voulez-vous que nous réglions les copies que vous m'avez faites ? »

Mlle Barberet rougit et refusa, puis rougit et accepta. Et bien que je m'arrêtasse dans l'antichambre pour une recommandation superflue, aucun bruit ne vint de *ma* chambre, et rien ne décela la présence de la sœur brune.

« Elle l'appelle son petit soleil triste… Elle dit qu'il lui annonce du mauvais… Que lui ai-je donc légué, à ce reflet, apparence d'astre, couronné de vapeurs, où le rouge est à jamais séparé du violet ? Ne l'ai-je pas trop longuement contemplé ? Par vents vifs et ciels nuageux, autrefois, il s'éteignait, ressuscitait, s'effaçait, et son caprice m'arrachait un moment à mon état d'attente… »

J'avoue que je m'abandonnais, en descendant la pente de la colline parisienne, à l'exaltation. Le jeu des coïncidences projetait sur ma vie un faux jour inespéré. Déjà je me promettais que « l'histoire Barberet » figurerait en bonne place dans la galerie fantastique que nous peuplons en secret, et que nous ouvrons plus volontiers à des inconnus qu'à nos proches, la galerie réservée aux prémonitions, aux phénomènes de la fausse reconnaissance, aux visions et prédictions. Là je logeais déjà l'histoire de la femme à la bougie, l'histoire de Jeanne D… l'histoire de la liseuse de tarots et du petit garçon qui montait à cheval…

En tout cas, l'histoire Barberet, à peine ébauchée, me tenait déjà lieu de « pansement de la bécasse ». Ainsi je nommais et nomme encore un ordre d'événements médiocres et bienfaisants, que j'assimile à l'appareil de glaise humide et de brindilles, prodigieuse petite éclisse liée par la bécasse autour de sa patte qu'un plomb a brisée. Une séance de cinéma, à condition que les films soient assez médiocres, compte pour pansement de la bécasse. Mais une soirée en compagnie d'amis intelligents, un peu blessés, courageux et sans illusions, défait au contraire le pansement. La musique symphonique généralement l'arrache, et me laisse écorchée. Versées par une voix égale et indifférente, la sentence, la prédiction me sont compresse et tisane…

« Je vais raconter l'histoire Barberet à Annie de Pène… » commençai-je en moi-même. Et puis je ne racontai rien du tout. La subtile oreille d'Annie, son œil vif et mordoré n'eussent-ils pas pesé, blâmé ce qui dans mon récit décèlerait la soif uniquement de ressasser le connu, d'orner à neuf l'aboli ? « Cette fenêtre, Annie, où, comme je fis autrefois, une jeune femme délaissée passe presque tout son temps à attendre, à écouter… »

Je ne dis rien à Annie. Il est bon qu'un jouet s'exploite dans la solitude, si, par on ne sait quelle couleur, quel vernis acide, quelle déformation fortuite de son ombre, il annonce qu'il porte avec lui le danger. Mais je m'en allai traduire en langage banal

« l'histoire Barberet » au profit de ma couturière en journées, forte brune qui se reposait, en cousant et repassant pour autrui, d'avoir chanté l'opérette à Oran. Pour m'écouter, Marie Mallier cessa d'écraser des fronces sous l'ongle d'un pouce cruel, souffla dans son dé, attendit, l'aiguille haute...

« Et puis ?

– C'est fini.

– Ah ! dit Marie Mallier. Ça m'avait plutôt l'air d'un commencement. »

Le mot me ravit. J'y lus le plus romanesque présage, et me jurai de connaître sans retard la sœur brune, mal mariée, qui habitait ma sombre chambre et redoutait ma « lune de pluie ».

Parmi les sollicitations, les petits cadeaux de la fatalité, les offres qu'elle me fit et qui m'eussent donné de me fuir moi-même, de muer, de me diaprer, je crois discerner qu'elles auraient pu réussir s'il ne m'eût manqué la compagnie, l'influence d'un être pour qui la différence est minime entre ce qui arrive réellement et ce qui n'arrive pas, entre le fait et sa possibilité, l'événement et sa narration.

Beaucoup plus tard, quand je connus Francis Carco, je compris qu'il eût interprété, par exemple, mon séjour à Bella-Vista et la rencontre Barberet d'une manière effrénée, qu'il en eût dégagé la vérité catastrophique, l'inachevé, le suspendu qui provoquent à la course l'imagination, la peur, bref, la poésie. J'ai vu, des années après, comment un poète use de l'ornementation tragique, prête au fait divers la parure de quelque visage inanimé, blanc derrière une vitre.

Faute de compagnon exalté, je m'attachai à une vue raisonnable des choses, notamment de la frayeur et de l'hallucination. Il le fallait bien, puisque j'habitais seule. Certains soirs, je visitais avec soin mon petit appartement, j'ouvrais mes persiennes pour laisser la lueur nocturne jouer au plafond, en attendant celle du jour… Le lendemain, ma concierge, en m'apportant mon café au lait, brandissait sans mot dire la clef qu'elle avait trouvée sur la serrure, à l'extérieur. La plupart du temps, je ne pensais pas aux périls qui peuvent venir de l'inconnu, et je traitais le revenant avec rigueur.

Ainsi fis-je, le lundi suivant, d'une fenêtre de l'appartement Barberet, où j'entrai en même temps qu'un vent de mars à grandes ailes marines, qui jeta bas tous les papiers. Mlle Rosita mit ses deux mains sur ses oreilles, et cria : « Ah ! » en fermant les yeux. J'empoignai d'une main familière la sirène de fonte moulée et bouclai la fenêtre en un tour de main.

« Du premier coup ! admira Mlle Barberet. C'est extraordinaire ! À peine si j'y arrive. Mon Dieu, toutes les copies envolées ! Le roman de M. Vandérem ! La nouvelle de M. Pierre Veber ! Ce vent ! Heureusement que j'avais remis votre texte dans sa chemise… Voici la copie, madame, et son double. Il y a plusieurs traces de gomme. Si vous voulez que je recommence quelques pages grattées, je me ferai un plaisir, ce soir après dîner…

– Cherchez d'autres plaisirs, mademoiselle Rosita. Allez au cinéma. Vous aimez le cinéma ? »

Elle laissa voir une convoitise de petite fille, qui accentua ses rides fines autour de la bouche.

« Je l'adore, madame ! Nous avons un très bon cinéma de quartier, cinq francs les fauteuils de canne, qui donne de beaux films. Mais, en ce moment, je ne peux guère... »

Elle s'interrompit, fixa son regard sur la porte à droite de la cheminée.

« Toujours la santé de votre sœur ? Est-ce que son mari ne pourrait pas se charger de... »

Malgré moi, j'imitais sa manière prude de suspendre les phrases. Elle rougit, et dit plus vite :

« Son mari n'habite pas ici, madame.

– Ah ! il n'habite pas... Et elle, qu'est-ce qu'elle fait ? Elle attend qu'il revienne ?

– Je... Oui, je crois...

– Tout le temps ?

– Jour et nuit. »

Je me levai brusquement, et me mis à arpenter de la fenêtre à la porte, de la porte au mur du fond, du mur du fond à la cheminée, la pièce où j'avais autrefois – jour et nuit – attendu.

« C'est stupide ! m'écriai-je. C'est la dernière chose à faire ! Vous m'entendez, la dernière ! »

Mlle Barberet étirait machinalement la volute de cheveux qui lui caressait l'épaule, et sa figure d'ange fané suivait mon va-et-vient.

« Si je la connaissais, moi, votre sœur, je ne lui enverrais pas dire qu'elle a choisi la tactique la plus déplorable, la plus... la plus bête...

– Ah ! je voudrais bien, madame, que vous lui disiez ! De vous, ça aurait plus de poids que venant de moi. Elle ne se gêne pas pour me faire comprendre que les vieilles filles n'ont pas voix à certains chapitres. En quoi elle peut parfaitement se tromper, d'ailleurs... »

Mlle Barberet baissa les yeux et fit un petit signe de tête frondeur.

« Une idée fixe n'est pas toujours une bonne idée. Elle est là, avec son idée fixe. Quand elle n'en peut plus, elle descend. Elle dit qu'elle a envie d'acheter des bonbons. Elle dit : "Je vais téléphoner..." À d'autres ! Si elle croit que je suis dupe !

– Vous n'avez pas le téléphone ? »

Je levai les yeux vers le plafond. Une petite brèche dans la corniche d'oves marquait encore le passage du fil téléphonique. Moi, dans ce même lieu, j'avais le téléphone. Je pouvais mendier sans me déranger.

« Pas encore, madame. Nous le ferons mettre, bien entendu. »

Elle rougit, comme chaque fois qu'il s'agissait d'argent ou de manque d'argent, et parut prendre une résolution extrême :

« Madame, puisque vous pensez comme moi que ma sœur a tort de s'entêter, si vous aviez deux minutes...

– J'ai deux minutes.

– Je préviens ma sœur. »

Elle passa par l'antichambre au lieu d'ouvrir la porte à droite de la cheminée. Elle marchait gracieusement, portée sur des pieds petits et cambrés. Presque aussitôt, elle revint, agitée et le bord des paupières irrité.

« Oh ! Je ne sais comment m'excuser… Elle est terrible. Elle dit “non, et non”, elle dit “de quoi tu te mêles”, elle dit “je veux que tout le monde me fiche la paix”… Elle n'a que de mauvaises paroles… »

Mlle Barberet moucha son chagrin, se frotta le nez, devint laide comme si elle le faisait exprès. Le temps de penser : « Je prends vraiment beaucoup de gants avec ces demoiselles », et je tournai le bouton de la porte de droite, qui me reconnut et m'obéit sans bruit. Je ne dépassai pas le seuil de *ma* chambre dont les persiennes, à demi tirées, retenaient une obscurité un peu verte. Au fond de la pièce, sur un divan-lit qui me sembla n'avoir pas bougé de la place que je lui avais autrefois assignée, une jeune femme couchée en chien de fusil dressa vers moi le vague ovale de son visage. Pendant un instant, je touchai ce qu'osent et créent seulement les songes : hostile, blessé, obstiné à l'espoir, j'avais devant moi le jeune moi-même que je ne serais jamais plus, que je ne cessais de renier et de regretter.

Mais il n'y a point de durée dans ce que nous goûtons de fabuleux hors du sommeil. Le jeune moi-même se leva, parla et ne fut plus qu'une inconnue, dont le son de voix dissipa tout ce qui m'était précieux et inexpliqué.

« Madame… J'avais pourtant dit à ma sœur… Rosita, vraiment, à quoi penses-tu ? Ma chambre est en désordre, je suis souffrante. Vous devez comprendre, madame, pourquoi je n'ai pas pu vous recevoir… »

Elle n'avait fait que deux ou trois pas vers moi. Malgré la pénombre, je distinguai qu'elle était un peu courte, mais droite et assurée. Un nuage au dehors découvrant le soleil, la construction de son visage m'apparut, le nez régulier et dur, une forte barre sourcilière, un petit menton romain. C'est une séduction double, lorsque, sur des traits bien modelés, se rencontrent la jeunesse et la sévérité.

Je me fis bonne enfant pour parler à cette jeune femme qui me mettait à la porte.

« Je comprends très bien, madame. Mais votre sœur n'est coupable que d'avoir cru, figurez-vous, que je pourrais vous être utile. Elle s'est trompée. Mademoiselle Rosita, comme d'habitude, n'est-ce pas, la copie, lundi prochain ? »

Les deux sœurs ne remarquèrent pas mon aisance à trouver au fond de la pièce la porte sous tenture, à traverser et refermer le petit vestibule obscur. En bas, je fus rejointe par Rosita.

« Madame, madame, vous n'êtes pas fâchée ?

– Pas le moins du monde. Pourquoi ? Elle est jolie, votre sœur… Au fait, comment s'appelle-t-elle ?

– Adèle. Mais elle veut qu'on l'appelle Délia. Son nom de dame, c'est Essendier, Mme Essendier… À présent la voilà désolée, elle voudrait vous voir…

– Eh bien ! elle me verra lundi », concédai-je avec dignité.

Dès que je fus seule, le piège des similitudes perdit de ses attraits, l'éclat de la rue des Martyrs à midi dissipa le charme de la chambre et de la jeune femme pelotonnée « jour et nuit ». Sur la pente raide, que de poulets le cou pendant, que de petits gigots accessibles, de grosses saucisses, de bocks-douche émaillés à décors champêtres, d'oranges amoncelées selon d'anciens codes d'artillerie, de pommes trop vieilles, de bananes trop jeunes, d'endives anémiques, de dattes agglutinées, de narcisses-trompettes, de culottes roses en « milanaise », de pantalons-jupons incrustés de chantilly imitation, de sachets pour fabriquer soi-même une liqueur stomachique, de bas mercerisés... Que de postiches – on disait « chichis » –, de cravates vendues par trois, de commères informes, de blondes en savates, de brunes à bigoudis, d'éperlans de nacre, de garçons bouchers bouffis comme des anges... Cette abondance, qui n'a guère changé, m'ouvrait l'appétit et me rendait vigoureusement à la réalité.

Loin de moi ces Barberettes ! Ce bout de femme sans manières, une pleurarde, une oisive, qui avait dû excéder les bornes de la patience maritale... Pris entre une irréprochable vieille fille frémissante et une jeune femme jalouse, la jolie vie pour un homme !

Ainsi, flânant aux boutiques, j'incriminais Mme Délia Essendier, prénommée Adèle... « Adèle... T'es belle... » Devant une somptueuse Alimentation-générale, je fredonnais la sotte chanson déjà caduque ; j'admirais l'orange entre le riz en vrac et le café suant, la pomme rouge et le vert pois cassé. De même qu'à Nice on convoite le marché aux fleurs en bloc, ici j'aurais acheté un banc de denrées, à partir des laitues précoces jusqu'aux paquets de semoule bleus. « Adèle... T'es belle... » fredonnais-je...

« Moi, dit sous mon nez une enfant du pays aux yeux insoutenables, je trouve que *Les Blés d'or*, ça ferait encore plus actualité. »

Je ne répliquai pas, car cette blonde râblée, frisée pour la semaine, solide sur ses pattes et sucrée d'une grosse poudre, était en somme le porte-parole de la génération destinée à dévorer la mienne.

Je n'étais pourtant pas vieille, et surtout je ne paraissais pas mon âge véritable. Mais une vie intime assombrie, incertaine, une solitude qui ne ressemblait pas à la paix m'ôtaient la vivacité, l'aménité du visage. Je n'ai jamais été moins remarquée par les hommes qu'en ces années-là, dont je dissimule ici le millésime. C'est bien plus tard qu'ils m'ont rendu la bonne chaleur offensante des regards, et cette cordialité de la concupiscence qui porterait un admirateur, venu le moment de vous baiser la main, à vous prendre gentiment une fesse…

Le lundi suivant, par un matin de mars lourd, un azur blanc, un Paris poussiéreux et surpris qui répandait dans la rue son trop-plein de jonquilles et d'anémones, je montai mollement la pente montmartroise. Déjà les porches béants des immeubles rejetaient leur air plus froid que la rue, avec l'odeur carbonique des calorifères qu'on laissait s'éteindre. Je sonnai chez Mlle Rosita, qui ne m'ouvrit pas, et j'accueillis avec plaisir l'idée qu'elle était absente, occupée d'acheter la pâle escalope ou la choucroute toute préparée… Par acquit de conscience, je sonnai une seconde fois. Un mouvement faible frôla la porte et le parquet craqua.

« C'est vous, Eugène ? » demanda la voix de Mlle Barberet.

Elle parlait presque bas, et j'entendis sa respiration au niveau de la serrure.

Comme si je me disculpais, je m'écriai :

« C'est moi, mademoiselle Rosita ! J'apporte des feuilles manuscrites... »

Mlle Barberet fit un petit « ah ! » et n'ouvrit pas tout de suite. Elle changea de voix, prit un ton maniéré :

« Oh ! madame, où avais-je la tête... Je suis à vous... »

Un verrou de sûreté glissa dans sa gâche et la porte s'entrouvrit.

« Faites bien attention, madame, vous pourriez buter... Ma sœur est par terre. »

Elle n'eût pas mis plus de politesse et de modération à dire : « Ma sœur est allée à la poste. » Je butai en effet contre un corps dont l'horizontalité, les pointes des pieds dressés vers le ciel, les taches pâles des mains et du visage me mirent dans un état de pusillanimité que j'ai en aversion. En m'écartant du corps étendu, je demandai, pour avoir l'air d'offrir une aide :

« Qu'est-ce qu'il y a ? Voulez-vous que j'appelle quelqu'un ? »

Puis je m'avisai que Mlle Rosita, cette sensitive, ne paraissait pas très troublée.

« C'est un malaise... une espèce d'étourdissement sans gravité. Le temps de prendre le flacon de sels et une serviette mouillée... »

Elle courait déjà. Je m'aperçus qu'elle n'avait pas songé à donner la lumière, et je trouvai sans peine le bouton à droite de la porte. Un plafonnier en forme d'assiette à bord ruché éclaira pauvrement l'antichambre, et je me penchai sur la jeune femme couchée. Elle gisait avec beaucoup de correction, la jupe au ras des chevilles. L'un de ses bras ployé, la main à la hauteur de l'oreille, paume en dehors, semblait commander l'attention, et sa tête était un peu détournée sur l'épaule. Une très jolie jeune femme, vraiment, retranchée dans un évanouissement boudeur. J'entendais Mlle Rosita, dans la chambre, ouvrir et refermer un tiroir, claquer la porte d'un placard...

Et je trouvais les secondes longues, à regarder le porte-parapluie-tube, la table de rotin ; surtout une portière à dessin algérien me mit au cœur le regret d'un lambeau de verdure, assez joli, qui pendait autrefois à la même place. Comme je baissais les yeux sur la jeune femme immobile, je m'aperçus que, par une ligne effilée de regard entre ses paupières, elle m'épiait. J'en fus, je ne sais pourquoi, désagréablement surprise, comme d'une mystification. Je me penchai sur la fausse évanouie et lui appliquai le remède qu'on préconise encore contre les pâmoisons, c'est-à-dire une gifle bien cinglante. Elle la reçut avec un grondement offensé et s'assit d'un coup de reins.

« Tiens ! ça va mieux ? s'écria Rosita qui apportait une serviette mouillée et un litre de vinaigre à salade.

– Comme tu vois, Madame m'a tapé dans les mains, dit Délia froidement. Tu n'aurais pas pensé à ça ? Aide-moi à me lever, s'il te plaît. »

Je ne pus me dispenser de lui prêter mon bras. Ainsi je pénétrai, en la soutenant, dans la chambre d'où elle m'avait à peu près priée de sortir.

La pièce résonnait des bruits de la rue, qui montaient par la fenêtre ouverte. J'y retrouvai, fidèle, le contraste des sons gais et d'une lumière triste. Et je conduisis la jeune simulatrice jusqu'au lit-divan.

« Rosita, tu me feras peut-être la charité d'un verre d'eau ? »

Je commençai à comprendre que les deux sœurs usaient entre elles d'aigreur et d'un ton de persiflage. Le petit pas de Rosita s'en alla vers la cuisine, et je me préparai à quitter le chevet de sa cadette. Mais, d'un mouvement imprévu, Délia me saisit la main, m'attira, puis lia ses bras autour de mes genoux, contre lesquels elle appuya sauvagement sa tête.

Il faut penser qu'à cette époque de ma vie je n'avais pas encore d'enfant, que l'amitié, autour de moi, empruntait des dehors de pudeur, de camaraderie brusque et d'insensibilité. Il faut compter que pendant bien des mois ce gros pain roboratif que sont le baiser, la bonne étreinte, le contact frais de l'enfance et de la jeunesse se tenaient écartés de moi, étaient des biens lointains et perdus. Aussi l'effusion soudaine d'une jeune femme inconnue, un bruissement de pleurs et l'embrassement soudain m'étourdirent. Le retour de Rosita me vit à la même place, et les bras exigeants se dénouèrent.

« J'ai fait couler le robinet deux minutes, expliqua la sœur aînée. Madame, comment m'excuser. »

J'en voulus soudain à Mlle Barberet d'avoir un air d'empressement mondain, deux petits rouleaux de cheveux dansant sur l'épaule droite et un brin d'essoufflement.

« Je dois, demain matin, acheter des coupons au marché Saint-Pierre, interrompis-je. Je pourrai donc venir prendre les copies, et vous me donnerez des nouvelles de... cette jeune personne... Non, restez là. Je connais le chemin. »

Qui a bougé dans le fourré ? Non, ce n'est pas un lapin. Ni une couleuvre. Ni un oiseau, qui procède par déplacements plus courts. Seul le lézard est aussi agile, aussi apte à couvrir vivement un long trajet, et imprudent... C'est un lézard. Le large papillon qui vole au loin – j'eus toujours d'assez mauvais yeux – vous dites que c'est un Machaon ? Non, c'est un Flambé. Pourquoi ? Parce que celui que nous regardons plane magnifiquement, comme seul le Flambé peut le faire, et que le Machaon a un vol battant. « Mon mari, un homme si calme... », me disait une amie. Si calme ? Elle ne voyait pas qu'il tétait sa langue tout le long du jour. Elle croyait qu'il mâchait du chewing-gum, ne faisant pas de différence entre le chiquage de la gomme et la succion nerveuse de la langue. Moi, je pensais que cet homme avait des ennuis, ou bien que la présence de sa femme l'exaspérait...

Depuis que j'avais fait la connaissance de Délia Essendier, il m'arrivait de « repasser » ainsi les leçons que me donnèrent mon instinct, les animaux, les enfants, la nature et mes inquiétants semblables. Il me semblait que j'avais plus que jamais besoin de savoir par moi-même, et sans en délibérer avec personne, que la dame qui passe souffre de son soulier gauche, que mon interlocuteur se donne l'air de boire mes paroles et ne m'écoute pas, que telle femme qui se cache d'aimer tel homme ne peut s'empêcher de le suivre magnétiquement dès qu'il est présent, mais toujours en lui tournant le dos. Un chien qui a une mauvaise pensée boite quelquefois, par nervosité...

Les enfants et les êtres qui conservent en eux-mêmes quelque trait ingénu de l'enfance, sont à peu près indéchiffrables, je le reconnais. Pourtant, dans le visage de l'enfant il y a un seul endroit révélateur, instable, un espace compris entre la narine, l'œil et la lèvre supérieure, où viennent affleurer les ondes d'un délit intérieur. Cela est fugitif, foudroyant. Quel que soit l'âge de l'enfant, ce petit éclair de culpabilité fait de l'enfant un adulte ravagé. J'ai vu le mensonge grave, sur une fillette, marquer sa narine et sa lèvre supérieure comme d'un bec-de-lièvre...

« Dites-moi, Délia... »

... mais sur les traits de Délia, rien ne paraissait qui fût explicite. Elle se réfugiait dans le sourire – pour moi – ou dans une mauvaise humeur dédiée à sa sœur aînée, ou bien elle entrait dans une sombre attente, s'y installait comme au guichet d'une tour de guet. Sur son divan-lit couvert d'une étoffe verte imprimée de capucines bleues – derniers sursauts de la vogue des impressions « liberty » – elle s'étendait à demi, serrait contre elle un gros coussin, y appuyait son menton, et bougeait peu. Peut-être se rendait-elle compte que son attitude convenait à sa beauté souvent revêche.

« Mais dites-moi, Délia, quand vous vous êtes mariée, est-ce que vous n'avez pas eu le pressentiment que… »

Ainsi étayée, et la jupe tirée jusqu'aux chevilles, elle semblait moins attendre que méditer. La méditation profonde ne se souciant pas d'être expressive, Délia Essendier, même lorsqu'elle parlait, ne tournait guère les yeux vers moi. Elle regardait plutôt la fenêtre entrouverte, réservoir d'air, source des sons, vivier verdi par ses rideaux verts et bleus. Ou bien elle contemplait fixement les petites pantoufles dont ses pieds étaient chaussés. Moi aussi, autrefois, j'achetais ces petites pantoufles en imitation de soie brochée, sans talons, coiffées d'un pompon floche sur le cou-de-pied. Elles coûtaient à l'époque treize francs soixante-quinze, et leur mauvais tissu se ternissait vite. La jeune recluse volontaire que j'avais devant moi ne s'embarrassait pas de souliers. Pour recluse, elle ne l'était qu'à demi, sortant le matin, achetant des provisions d'écureuil, une provende de pain frais, de noix sèches, d'œufs et de pommes, le peu de viande qui suffisait à l'appétit des deux sœurs.

« Est-ce que vous ne m'avez pas raconté, Délia… »

Non. Elle ne m'avait rien raconté. Son bref coup d'œil me châtiait d'imaginer, de manquer de mémoire. Que faisais-je là, dans un lieu qui m'eût dû être interdit, auprès d'une femme assez jeune pour que rien ne marquât sa condition d'épouse, et qui ne manifestait ni vertus, ni élévation, ni même autant d'intelligence qu'un vif et doux animal? Il s'agit, j'y insiste, d'une période de ma vie à laquelle la maternité et l'amour heureux n'avaient pas encore fourni leur merveilleux lieu commun.

On eût pu déjà me reprendre sur le choix de mes fréquentations – ceux qui l'ont tenté, en tout temps, je les ai fort mal reçus – et mes amis s'étonner de me rencontrer, par exemple, en train de faire les cent pas avenue du Bois en compagnie d'un palefrenier fripé qui amenait, remmenait les chevaux de selle loués par un manège. Un ancien jockey malchanceux, déchu, qui avait l'air d'un vieux gant. Mais il en savait long sur toutes choses hippiques et canines, maladies, pansements, breuvages de feu propres à vous rendre la vie ou à vous l'ôter, et j'aimais sa substantielle conversation, encore qu'il m'en apprît trop sur les maquillages commerciaux des bêtes à vendre.

Je me serais bien passée, par exemple, de savoir que l'on coule de la cire à cacheter dans les oreilles d'un *French Bull,* si celui-ci a les pavillons un peu mous... Le reste de sa science était captivant. Avec une richesse foncière moindre, Marie Mallier avait bien du charme. Quelqu'un eut-il sujet, autour de moi, de se montrer pointilleux sur les faits et gestes que nommait génériquement « chanter l'opérette en tournée »? Je ne l'aurais pas souffert. Réduite à des consentements prompts, Marie Mallier parmi tous les péchés a chéri la couture et le repassage, délectations de peu de fruit. Car le piment d'une occupation, tenue généralement pour innocente, fait tort à bien des obligations coupables.

« Faire une reprise que les coins ne grignent pas, disait Marie Mallier, et que toutes les petites bouclettes à l'envers soient bien ressorties, ça me fait comme de couper un citron ! » Nos péchés sont moins de facilité que de prédilection. Secourir avec passion une personne inconnue, fonder sur elle des espoirs que décourageraient la sagesse et l'amitié de nos pairs, adopter furieusement un enfant qui n'est pas le nôtre, nous ruiner, d'une manière obstinée, pour un homme que probablement nous haïssons, ce sont là des manifestations étranges d'une lutte contre nous-mêmes, qui a nom tantôt désintéressement, tantôt esprit de contradiction. Auprès de Délia Essendier, je me retrouvais vulnérable, portée aux dons vaniteux, comme une pensionnaire qui vend ses livres pour acheter le chapelet, le ruban, la petite bague et les glisser, avec un mot tremblant, dans le pupitre d'une compagne bien-aimée.

Pourtant, je n'aimais pas Délia Essendier, et la compagne bien-aimée que je cherchais, n'était-ce pas l'ancien moi-même, sa forme triste collée, comme un pétale entre deux pages, aux murs d'un gîte un peu maudit ?

« Délia, vous n'avez pas ici une photographie de votre mari ? »

Depuis le jour où ses bras avaient serré mes genoux, aucun autre appel muet n'était venu de Délia, sauf, quand je me levais, un geste pour me retenir par la main, geste de jeune fille gauche, qui n'a pas appris à saisir, offrir franchement la paume ; elle tirait seulement sur mes doigts qu'elle abandonnait vite, comme par bouderie, puis elle se détournait vers la fenêtre presque toujours ouverte. Le printemps était venu, rapide, traversé d'ondées douces. Suivant la suggestion de son regard, c'est moi qui allais à la fenêtre, et je regardais les passants ou plutôt leurs couvercles, car tous portaient chapeaux dans ce temps-là. Lorsque la porte cochère, en bas, avalait un homme au grand pas, vêtu d'un pardessus bleu, malgré moi je comptais les secondes et mesurais le temps qu'il fallait à un visiteur pressé pour traverser le vestibule, gravir l'étage et sonner. Mais personne ne sonnait, et je rendais à mon souffle son libre jeu…

« Est-ce qu'il vous écrit, votre mari, Délia ? »

Pour le coup, la réticente, à qui je ne ménageais pas les questions, qu'elle les laissât ou non sans réponse, me toisa de son regard offensé. Mais je n'en étais plus à faire cas de ses dédains, et je répétai :

« Oui, je vous demande si votre mari vous écrit quelquefois ? »

Ma question fit grand effet sur Rosita, qui traversait la chambre. Elle s'arrêta court, comme attendant la réponse de sa sœur.

« Non, dit enfin Délia. Il ne m'écrit pas, et il fait aussi bien. Nous n'avons rien à nous dire. »

Sur quoi Rosita ouvrit, d'étonnement, la bouche et les yeux. Puis elle reprit sa marche à pieds légers, et, près de disparaître, leva les deux mains à la hauteur de ses oreilles. Ce geste de scandale ranima ma curiosité, qui parfois s'apaisait. Il me faut avouer aussi que, rendue à mon mauvais et attirant autrefois, je trouvais choquant que Délia – Délia et non pas moi – fût étendue sur le lit-divan, jouant à quitter et remettre ses petites pantoufles, tandis que, lasse d'un siège inconfortable, je me levais pour aller et venir, pousser avec une feinte négligence la table plus près de la fenêtre, mesurer l'espace autrefois rempli par une sombre armoire...

« Délia, c'est vous qui avez choisi ce papier de tenture ?

– Sûrement non. Moi, j'aurais voulu un papier fleuri, comme dans le living-room.

– Quel living-room ?

– La grande pièce.

– Ah ! bon. Ce n'est pas un living-room, puisque vous n'y vivez-pas. Je dirais plutôt l'atelier, parce que votre sœur y travaille. »

Les jours allongeant, je distinguais la couleur des yeux de Délia – autour de ses pupilles dilatées régnait un anneau d'un gris-vert obscur – et la blancheur de son teint, pareil à la carnation des Méridionales, qui sont pâles sans nuances du front jusqu'aux pieds. Elle me jeta un regard de méfiance butée.

« Ma sœur peut aussi bien travailler dans un living-room si ça lui plaît.

– L'essentiel est qu'elle travaille, n'est-ce-pas ? » repartis-je.

D'une ruade, elle lança au loin l'une de ses pantoufles.

« Moi aussi, je travaille, dit-elle froidement. Seulement, ça ne se voit pas. Je me fatigue, oh ! je me fatigue… De là… De là… »

Elle touchait son front, pressait ses tempes. Avec un peu de mépris, je regardais ses mains de paresseuse, ses doigts délicats, retroussés au bout et effilés, ses paumes charnues. Je haussai les épaules.

« Joli travail qu'une idée fixe ! Vous devriez avoir honte, Délia. »

Elle cédait facilement à des colères d'adolescente sans éducation et sans volonté.

« Je ne fais pas que de penser ! cria-t-elle. Je… je travaille à ma manière ! C'est dans ma tête !

– Vous préparez un roman ? »

J'avais parlé en me moquant, mais Délia n'en vit rien et, flattée, s'adoucit.

« Oh ! tout de même, non… Il y a un peu de ça, mais en mieux.

– Qu'est-ce que vous appelez un roman en mieux, mon enfant ? »

Car je me laissais aller à la nommer ainsi, lorsqu'elle semblait précipitée dans une sorte d'enfantillage brutal, d'irresponsabilité. Elle bronchait toujours sous le mot, me gratifiait d'un coup d'œil lustré et vif, d'un sursaut de mauvaise grâce.

« Ah ! je ne peux pas le raconter », dit-elle d'un ton de suffisance.

Elle se remit à pêcher des cerises dans un cornet de journal. Elle pinçait les noyaux et visait la fenêtre ouverte. Rosita traversait la pièce, affairée, et grondait sa sœur sans s'arrêter :

« Délia, tu ne devrais pas jeter les noyaux dans la rue… »

Que faisais-je là, dans ce désert ? Un jour, j'apportai de meilleures cerises. Un autre jour, ayant remis à Rosita un manuscrit chargé de ratures, je dis :

« Attendez… Est-ce que je pourrais refaire cette page sur… sur un bout de table, n'importe où… Là, tenez, ça ira très bien… Oui, oui, j'y vois assez. Oui, j'ai mon stylo… »

Appuyée sur un guéridon mal calé, je recevais de gauche la lumière de l'unique fenêtre, et de droite l'attention de Délia. À mon étonnement, elle se mit au travail. Elle perlait finement des « réticules » et des galons dont la mode à ce moment s'engouait.

« Quel joli talent, Délia !

– Ce n'est pas un talent, c'est un métier », dit Délia d'un ton dégoûté.

Mais elle n'était pas fâchée, je crois, de se livrer sous mes yeux à un travail gracieux comme un délassement. Les aiguilles fines comme des cheveux d'acier, les perles en grains multicolores, le tulle-canevas, elle les maniait avec une adresse d'aveugle, toujours mi-étendue dans le coin du divan-lit. De la pièce voisine venait le langage haché de la machine à écrire, le renâclement de son petit chariot, à chaque ligne, et son timbre cristallin. Que faisais-je, dans ce désert ? Ce n'était pas un désert. Je délaissais, chez moi, trois pièces étroites et closes, mes livres, le parfum que je vaporisais, ma lampe… Mais on ne vit pas d'une lampe, d'un parfum, de pages lues et relues. J'avais ailleurs des amis, des camarades, Annie de

Pène meilleure que les meilleurs. Mais, pas plus que la chère fine ne vous épargne la fringale de cervelas, l'amitié éprouvée et délicate ne vous ôte le goût de ce qui est neuf et douteux.

Chez Rosita, chez Délia, j'étais assurée contre le mal de me confier. Mon passé caché montait avec moi l'escalier connu, s'asseyait secrètement au flanc de Délia, rangeait, selon l'ordre ancien, des meubles émigrés, ranimait les couleurs de la « lune de pluie » et affilait une vieille arme qui avait servi contre moi.

« C'est un métier que vous avez choisi, Délia ?

– Pas exactement. Cette année, au mois de janvier, je l'ai repris, parce qu'il me permet de travailler chez moi. »

Elle ouvrit le bec de ses ciseaux fins :

« C'est bon pour moi de toucher des choses pointues. »

Certaine gravité de jeune insane seyait à Délia ; je ne crus pas utile de l'encourager autrement que par un air interrogateur.

« Des choses pointues, répéta-t-elle, des ciseaux, des aiguilles, des épingles… C'est bon.

– Si vous voulez que je vous présente un avaleur de sabres, un lanceur de navajas et un porc-épic ? »

Elle daigna rire, et à cause de ce rire chromatique, je regrettai qu'elle ne fût pas plus souvent heureuse. Une puissante voix féminine, dans la rue, modula l'appel des verdurières.

« Oh ! c'est la voiture des cerises », murmura Délia.

Sans prendre le temps de coiffer mon feutre, je descendis, tête nue, et j'acquis un kilo de bigarreaux clairs. En courant pour éviter une voiture, je bousculai un homme arrêté devant *ma* porte.

« Un peu plus, madame, vos cerises… »

Je souris à ce passant qui était bien de Paris, le visage vif, quelques fils blancs dans ses cheveux noirs, un bel œil fatigué de graveur ou de linotypiste. Il allumait une cigarette, sans quitter du regard la fenêtre de l'entresol. L'allumette enflammée lui brûla les doigts ; il la laissa tomber et se détourna.

Un cri de plaisir – le premier que j'eusse entendu des lèvres de Délia – accueillit mon entrée, et la jeune femme appuya le dos de ma main contre sa joue. Inexplicablement récompensée je la regardai manger les cerises, déposer les queues et les noyaux dans le couvercle d'une boîte à épingles. Son expression d'égoïsme et de gourmandise satisfaite ne la dépouillait pas du charme qui nous attache aux enfants violents, retirés dans leurs passions et qui ne condescendent point à plaire.

« Figurez-vous, Délia, qu'en bas sur le trottoir… »

Elle s'arrêta de manger, une grosse cerise en fluxion dans sa joue.

« Quoi, en bas sur le trottoir ?

– Il y a un homme qui regarde vos fenêtres. Un homme très gentil, ma foi. »

Elle avala sa cerise, cracha le noyau précipitamment :

« Il est comment ?

– Brun, une figure… agréable, des cheveux blancs

dans ses cheveux noirs. Il a des doigts roussis au bout, des doigts d'homme qui fume trop. »

En ramenant sous elle, d'une détente brusque, ses pieds déchaussés, Délia répandit à terre les légers instruments de son travail.

« Quel jour sommes-nous ? Vendredi, n'est-ce pas ? Oui, vendredi.

– C'est votre amoureux du vendredi ? Vous en avez pour tous les jours de la semaine ? »

Elle me jeta en plein visage l'outrageant coup d'œil que les adolescents réservent à qui les traite de « grands bébés ».

« On ne peut rien vous cacher. »

Elle se leva pour ramasser son attirail de brodeuse, brandit contre la lumière une délicate petite bourse ancienne qu'elle copiait, et je m'aperçus que ses mains tremblaient. Elle se tourna vers moi avec une gentillesse forcée :

« Il est gentil, pas, mon amoureux du vendredi ? Il vous plaît ?

– Il me plaît, mais je ne lui trouve pas bonne mine. Vous devriez le soigner.

– Oh ! je le soigne, ne vous en faites pas pour lui... »

Elle se mit à rire follement, jusqu'à se donner une quinte de toux. Lorsqu'elle s'arrêta de tousser et de rire, elle s'appuya à un meuble comme prise de vertige, trébucha et s'assit.

« C'est la fatigue », murmura-t-elle.

Ses cheveux noirs, dénoués, ne descendaient pas plus bas que ses épaules. Relevés sur les tempes, ils découvraient ses oreilles, et cette coiffure désordonnée de petite fille accentuait la régularité du profil, son caractère enfantin et inexorable.

« C'est la fatigue. » Mais quelle fatigue ? Une mauvaise hygiène ? Guère plus mauvaise que la mienne, aussi bonne que celle des femmes et filles qui habitent Paris. Quelques jours avant, Délia touchait son front, serrait ses tempes : « C'est de là que je me fatigue... Et de là... » L'idée fixe, oui, l'absent, l'Essendier infidèle... J'avais beau contempler cette parfaite beauté – à le bien détailler, rien ne péchait dans le visage de Délia – j'y cherchais en vain l'expression de la douleur, c'est-à-dire de l'amour.

Elle restait assise, un peu essoufflée, ses ciseaux au bec effilé sur sa robe noire au bout d'une chaîne d'acier. Mon attention ne la gênait pas, mais après peu d'instants elle se releva, comme quelqu'un qui reprend sa course en se reprochant de s'être attardé. La lumière et les bruits de la rue, par leur changement, m'annoncèrent la fin de l'après-midi, et je me préparai à partir. Derrière moi, irréprochablement mince et d'un blond assourdi, se tenait Mlle Rosita. Depuis quelque temps j'avais perdu l'habitude de la regarder ; elle me sembla vieillie. Il me parut aussi que, par la porte grande ouverte, elle avait dû nous entendre plaisanter l'amoureux du vendredi. Au même instant, je me rendis compte que, fréquentant sans motif les sœurs Barberet, sans motif je laissais l'aînée à l'écart, sauf les brefs rapports que maintenaient entre nous sa profession et les explétifs de politesse, les considérations météorologiques, les remarques sur la cherté de la vie et le cinéma. Car jamais Mlle Rosita ne se fût permis une question qui touchât ma vie personnelle, mon évidente liberté de femme seule. Mais depuis combien de jours n'avais-je pas témoigné un intérêt quelconque à Rosita ? Je m'en sentis gênée, et comme Délia se dirigeait vers le cabinet de toilette, je méditai d'être « gentille » avec Rosita. Une travailleuse exemplaire, pourvue de vertus et même de distinction naturelle, qui « tapait » le manuscrit de Vandérem, les feuilletons d'Arthur Bernède et mes pages chargées de ratures, méritait quelques ménagements.

Les mains jointes paume contre paume, ses deux petits rouleaux de cheveux sur l'épaule droite, elle attendait patiemment que je m'en allasse. En m'approchant d'elle, je vis qu'elle ne me donnait aucune espèce d'attention. Ce qu'elle regardait, c'était le dos de Délia qui sortait. Durcis, ses yeux d'un bleu modéré ne quittaient pas la taille courte, un peu espagnole de sa sœur, et les cheveux noirs que relevait sa main distraite. Et, comme nous prenons pour divination ce qui est en nous choc et tressaillement, je pensai en descendant la colline de Paris, déjà rose par le haut de ses maisons : « Mais c'est au sein de cette Rosita, étroite et peu colorée, qu'il me faut chercher le mot d'une petite énigme, couvée entre un sommier-divan de la fenêtre unique d'une chambre où une jeune femme prétend, en s'y prenant par l'obstination et l'humeur jalouse, recommencer un moment de ma propre vie… La jeune femme butée, peut-être qu'elle a peu de lumières sur la petite énigme. En sût-elle davantage, elle ne me dira jamais rien. Son mystère, ou son apparence de mystère, c'est un don gratuit, en place duquel elle eût pu recevoir de la nature une mèche blonde parmi ses cheveux noirs, un signe sur la joue… »

Cependant, je suivais les trottoirs, où la présence des concierges sur leurs chaises, les jeux des enfants et les trajectoires des balles obligeaient le passant, dès juin, à une sorte de contredanse, deux pas en avant, deux pas en arrière, effacez-vous et tournez. L'odeur de l'évier bouché, en juin, se rend maîtresse des beaux crépuscules roses. Par contraste j'aimai mon quartier de l'ouest et sa sonorité de corridor vide. Une surprise m'y attendait, sous la forme d'un télégramme : Sido, ma mère, arrivait le lendemain, pour trois jours, à Paris. Elle ne fit, après celui-là, qu'un dernier voyage hors de son petit pays.

Pendant qu'elle était là, il ne fut pas question des demoiselles Barberet. Ce n'est pas son séjour que j'entreprends de raconter. Mais sa présence exigeante rappelait ma vie à la dignité, à la sollicitude. Il me fallait devant elle feindre une jeunesse presque égale à la sienne, la suivre dans ses élans. Je fus effrayée de la voir très petite, amaigrie, fébrile dans sa gaieté ravissante, et comme poursuivie. Mais j'étais encore loin de faire crédit à l'idée qu'elle pourrait mourir. N'entreprenait-elle pas, le même jour, d'aller acheter des graines de pensée, d'entendre un opéra-comique, de voir une collection léguée au Louvre ?

N'arrivait-elle pas porteuse de trois pots de groseille framboisée, des premières roses en boutons enveloppées d'un mouchoir humide, n'avait-elle pas cousu pour moi, sur un carré de carton, les grains barométriques de la folle-avoine cornue ?

Elle s'abstint, comme toujours, de me questionner sur mes soucis les plus intimes. La partie amoureuse de ma vie lui inspirait, je crois, une grande et maternelle répugnance. Mais je devais surveiller mes paroles, mon visage, me méfier de son regard, qui lisait à travers la chair qu'elle avait créée. Elle aimait écouter les nouvelles de mes amis et amies, de mes camarades de fraîche date. J'omis pourtant de lui conter l'histoire Barberet.

Attablée devant moi, repoussant l'assiette qu'elle ne vidait pas, elle me questionnait moins sur ce que j'écrivais que sur ce que je voulais écrire. Jamais je n'ai subi une critique qui ressemblât à celle de Sido, car, en croyant à ma vocation d'écrivain, elle doutait de ma carrière. « N'oublie pas que tu n'as qu'un don, disait-elle. Mais qu'est-ce qu'un don ? Un don n'a jamais suffi à personne. »

Elle se grisait de l'air parisien comme une jeune fille de province, et se surmenait. Je la remis dans son train omnibus, avec l'inquiétude de l'y laisser seule et le contentement de savoir qu'elle aborderait, quelques heures plus tard, à son petit logis sans confort et sans dangers.

Après son départ, tout me semblait indigne d'être recherché. La saine mélancolie, la hauteur, les mérites qu'elle déposait en moi, j'avais déjà trop vécu loin d'elle pour qu'ils ne fussent pas éphémères. Pourtant, derrière elle, je repris ma place dans l'embrasure profonde de ma fenêtre, je rallumai ma lampe diurne coiffée de vert, mais j'étais mue par la nécessité, plutôt que par l'amour d'une œuvre bien faite. Et je travaillai jusqu'à ce que je dusse gravir, en métro, la pente que j'aimais redescendre à pied.

Mlle Rosita vint m'ouvrir. Par chance, elle fit « ah ! » en me voyant, ce qui arrêta sur mes lèvres une pareille exclamation de surprise. En moins de quinze jours, ma vieille jeune fille était devenue une vieille fille. Un petit chignon de femme de ménage remplaçait le catogan et les deux anglaises ; elle portait un tablier à plastron noué derrière la taille. Elle toucha machinalement son épaule droite, et balbutia :

« Vous me trouvez en négligé... J'ai été bousculée ces temps-ci... »

Je serrai sa main sèche et délicate, qui fondait dans la mienne. Un parfum assez commun, mêlé à l'odeur de la poêle où chauffe l'huile de friture, rapprochait de moi le souvenir du petit appartement et de la sœur cadette.

« Vous allez bien ? Votre sœur aussi ? »

Elle fit un mouvement d'épaules qui n'avait point de sens précis. J'ajoutai, avec un orgueil involontaire :

« Vous comprenez, j'ai eu ma mère pendant quelques jours... Et que devient Délia ? Toujours travailleuse ? On peut lui dire bonjour ? »

Mlle Rosita baissa la tête comme les moutons qui rassemblent leur courage pour se battre :

« Non, on ne peut pas. C'est-à-dire qu'on peut, mais je ne vois pas pourquoi vous diriez bonjour à une criminelle.

– Comment ?

– À une criminelle. Moi, il faut que je reste là. Mais vous, qu'est-ce que vous avez à faire avec une criminelle ? »

Sa courtoisie elle-même avait changé. Mlle Rosita restait polie, mais prononçait avec une profonde indifférence des paroles qui pouvaient passer pour monstrueuses. Je ne reconnaissais même pas son petit col blanc, remplacé par une grossière broderie mécanique bleu ciel.

« Mais, mademoiselle Rosita, je ne pouvais pas deviner... Je vous apportais...

– Très bien, dit-elle promptement. Voulez-vous passer par ici ? »

J'entrai dans la grande pièce, ainsi qu'au temps où Mlle Rosita me barrait adroitement l'accès de la chambre de Délia. Je déroulai mon manuscrit sous la lumière insoutenable des fenêtres sans stores, donnai des indications comme à une inconnue. Comme une inconnue, Rosita écoutait, disait : « Très bien... Parfait... En noir et en violet... Ce sera fini mercredi. » Les fréquents et inutiles : « Madame... Oui madame... Oh ! Madame... » avaient disparu de ses répliques. De sa conversation aussi, elle avait supprimé les anglaises...

Comme au temps de ma curiosité première, je pris patience d'abord, puis la perdis brusquement, et baissai à peine la voix pour demander de tout près à Mlle Barberet :

« Qui a-t-elle tué ? »

La pauvre fille se laissa surprendre, esquissa un petit geste désespéré et s'appuya des deux mains à la table :

« Ah ! Madame, ce n'est pas fait, mais il va mourir.

– Qui ?

– Mais son mari, Eugène…

– Son mari… Celui qu'elle attendait jour et nuit ? Je croyais qu'il l'avait abandonnée ?

– Abandonnée, c'est bientôt dit… Ils ne s'accordaient pas, mais il ne faut pas croire qu'il avait les torts, bien loin de là… C'est un très gentil garçon qu'Eugène, madame. Et il n'a jamais cessé d'envoyer quelque chose à ma sœur sur ce qu'il gagne, vous savez… Mais elle, n'est-ce pas, elle s'était mis dans la tête de se venger. »

Devant le désordre croissant qui envahissait Rosita Barberet, je crus distinguer l'égarement dont un vieux poison amoureux faisait les frais… La rivalité banale, dangereuse, de la sœur jolie et de la sœur fade… Une mèche, échappée du chignon bâclé de Rosita, devenait à mes yeux le symbole de la véhémence déraisonnante. La « lune de pluie » brilla de ses sept couleurs sur le mur de mon ancien abri, livré à des ennemies en chemin de s'accuser, de se combattre…

« Mademoiselle Rosita, je vous en prie… Est-ce que vous n'exagérez pas un peu ? C'est une très grave accusation, rendez-vous compte… »

Je lui parlais sans rudesse, car j'ai peur des fous libres de nuire, des monologueurs qui parlent dans la rue sans nous voir, et des ivrognes violacés qui menacent le vide et vont en zig-zag... Je voulus reprendre mon manuscrit, mais le rouleau, capturé par Rosita, lui servait à ponctuer ses phrases. Elle parlait violemment, sans élever la voix :

« Je dis bien, se venger, madame. Quand elle s'est rendu compte qu'il ne l'aimait plus, elle s'est dit : "Toi, je t'aurai." Alors, elle lui a jeté un sort. »

Le mot était si inattendu qu'il m'égaya, et Rosita s'en aperçut :

« Ne riez pas, madame. On dirait vraiment que vous ne savez pas de quoi vous riez. »

Un objet métallique tomba, de l'autre côté de la porte, et Rosita tressaillit.

« Allons ! bon, les ciseaux, maintenant... », dit-elle en se parlant à elle-même.

Elle dut lire sur mon visage quelque chose comme l'envie d'être ailleurs et voulut me rassurer :

« N'ayez pas peur. Elle entend bien que vous êtes là ; mais, si vous n'entrez pas dans sa chambre elle ne viendra pas ici.

– Je n'ai pas peur, dis-je aigrement. Qu'est-ce qu'elle lui a donné ? Une drogue ?

– Elle l'a convoqué. Convoquer, vous savez ce que c'est ?

– Non... c'est-à-dire que j'en ai bien une idée, mais les détails... les détails m'échappent.

– Convoquer, c'est faire venir une personne par la force. Ce pauvre Eugène...

– Attendez ! m'écriai-je à voix basse. Votre beau-frère, comment est-il ? Ce n'est pas un garçon brun, qui a des cheveux blancs dans ses cheveux noirs ? Il a assez mauvaise mine, le teint des gens qui ont une lésion cardiaque ? Oui ? Alors, c'est lui que j'ai vu il y a… mettons deux semaines.

– Où ?

– Là, en bas, il regardait la fenêtre de ma… la fenêtre de la chambre de Délia, il avait l'air d'attendre. J'ai même averti Délia qu'elle avait un amoureux sous sa fenêtre… »

Rosita joignit les mains :

« Oh ! madame ! Et vous ne me l'avez pas dit ! Quinze jours ! »

Elle laissa tomber ses bras le long de son tablier. Ses yeux clairs contenaient un reproche qui n'avait pour moi aucun sens. Elle me regardait sans me voir, ses lunettes à la main, d'un regard intense et mal assuré.

« Mademoiselle Rosita, vous ne voulez pourtant pas dire que vous accusez Délia de maléfice et d'envoûtement ?

– Mais si, madame ! Ce qu'elle fait, on appelle ça convoquer, mais c'est la même chose.

– Écoutez, Rosita, nous ne sommes plus au Moyen Âge… Réfléchissez un peu…

– Mais je réfléchis, madame, je ne fais que ça ! Ce qu'elle fait, elle n'est pas la seule à le faire. C'est courant. Remarquez, je ne dis pas que ça réussisse tous les jours… Vous n'en saviez rien ? »

Je fis signe que non, et mon interlocutrice haussa légèrement les épaules, comme pour juger que mon éducation avait été bien insuffisante. Une horloge quelque part annonça midi et je me levai pour partir. Absorbée, Rosita me suivit, par politesse machinale. Dans le vestibule sombre, la lumière du plafonnier en forme d'assiette lui sculptait des traits de vieille dame maigre.

« Rosita, lui dis-je, si votre sœur s'étonnait que je n'aie pas demandé à la voir…

– Elle ne s'étonnera pas, dit-elle en agitant la tête. Elle est bien trop occupée à mal faire. »

Elle me regarda avec une ironie dont je ne la croyais pas capable :

« Et puis, vous savez, le moment est mal choisi pour la voir. Elle n'est guère jolie, ces temps-ci. Si elle l'était, ce ne serait vraiment pas juste. »

Soudain je me rappelai les paroles singulières de Délia : « C'est bon pour moi de toucher des choses pointues, des ciseaux, des épingles… » Gagnée à une excitation de racontar néfaste, je me penchai à l'oreille de Rosita et les lui répétai.

Elle me saisit familièrement le haut du bras, m'attira sur le palier.

« Je vous reporte vos feuilles tapées demain soir, à six heures et demie, sept heures. Sauvez-vous, *elle* va me réclamer son déjeuner. »

Le plaisir que je me promettais de goûter, après avoir quitté Rosita Barberet, je ne l'eus pas. Pourtant, en mesurant l'extravagance, l'ambition de cette anecdote qui voulait se hausser jusqu'au fait divers, je trouvais qu'il ne lui manquait rien, sauf la bonhomie. Un défaut d'innocence gâtait sa couleur excitante, son côté papotage de commères, drame d'herboristerie, recette de philtre, car je n'aime pas le pittoresque s'il est basé sur un sentiment haineux. En regagnant mon quartier, je comparais l'histoire Barberet à « l'histoire de la rue Truffaut », et cette dernière m'était bien plus plaisante, avec son cercle de braves femmes batignollaises qui, mains à mains sur une table de salle à manger, conversaient avec l'au-delà, prenaient des nouvelles de leurs enfants défunts, de leurs maris disparus, ne s'enquéraient pas de mon nom puisque j'avais été présentée par le coiffeur de la rue, et me donnèrent en passant le conseil de me méfier d'une dame X... Il se trouva que le conseil était excellent. Mais le principal attrait de la réunion résidait dans le lieu sourd, le tapis de table bordé d'une frange-boules assortie à celle des rideaux, l'esprit d'un jeune matelot, habitué invisible et espiègle, qui, revenant à jours fixes, s'enfermait dans l'armoire à vaisselle pour y faire tintinnabuler tasses et soucoupes. « Ah ! celui-là... », soupirait la lourde maîtresse du logis avec indulgence.

« Tu lui passes tout, maman, reprochait sa fille médium. Ce serait pourtant dommage s'il cassait la tasse bleue. »

À la fin de la séance, ces dames versaient à la ronde un thé décoloré et tiède... Quelle paix, quelle gentillesse chez ces hôtesses dont la sociabilité ne se fiait plus qu'à un monde extra-terrestre ! Combien elle m'était agréable aussi, cette rebouteuse, Mlle Lévy, qui se chargeait de soigner les âmes et les corps, et demandait en échange si peu d'argent ! Elle massait, imposait les mains, dans le secret des profondes loges des concierges pâlies, dans les cases d'artistes de la rue Biot et au concert de la Fauvette. Elle cousait dans des sachets de beaux caractères hébraïques, vous les pendait au col : « Vous pouvez être tranquille sur l'efficacité, c'est préparé par les mains de l'innocence. » Et elle montrait ses belles mains, amollies par les pâtes et les onguents, et ajoutait : « Si ça n'allait pas mieux demain, je peux mettre pour vous, en m'en allant, un cierge à Notre-Dame-des-Victoires. Moi, je suis bien avec tout le monde. »

Certes, je n'étais pas, sur les pratiques des magies naïves et populaires, aussi novice que j'avais voulu le paraître aux yeux de Mlle Barberet. Mais auprès de mes sibylles à dix et vingt francs, je n'avais fait que me divertir, écouter la richesse étroite de vieux vocables exclusifs, abandonner mes mains à des mains tellement étrangères, tellement poncées par le contact des mains humaines, que je bénéficiais d'elles, un moment, comme j'eusse fait d'un bain de foule, d'un récit insignifiant et volubile, d'un analgésique, enfin, à l'usage des enfants...

Tandis que ces Barberet ennemies... Une impasse hantée de mauvais desseins, voilà donc ce qu'était devenu un petit appartement où naguère j'avais souffert sans fiel, sous la garde de ma lune de pluie ?

Ainsi, je faisais le compte de ce qui, parmi l'inexplicable, m'avait plus ou moins appartenu à la faveur des truchements obtus, des créatures vacantes dont le vide reflète des fragments de destinées, des menteuses modestes et des visionnaires véhémentes.

Aucune ne m'avait fait de mal, aucune ne m'avait effrayée. Mais ces deux sœurs dissemblables.

J'avais déjeuné de si peu que je fus contente d'aller dîner chez une aubergiste modeste, qu'on appelait bonnement « cette grosse qui fait bien la cuisine ». Il était rare que je ne rencontrasse pas, sous ses plafonds bas, quelqu'un de ceux que nous nommons « des amis » et qui parfois, en effet, sont affectueux. Je crois me souvenir qu'avec le comte d'Adelsward de Fersen je couronnai mon orgie – bœuf à l'ancienne et cidre normand – en passant deux heures au cinéma. Fersen, blond, couvert d'un hâle brique, écrivait des vers et n'aimait pas les femmes. Mais il était si bien tourné pour plaire à toutes que l'une s'écria à sa vue : « Ah ! que de bien de perdu ! » Intolérant et lettré, il avait le caractère prompt, cachait sous trop d'éclat une timidité foncière. Quand nous quittâmes le restaurant, Gustave Téry y commençait son dîner tardif. Mais le fondateur de *L'Œuvre* ne me fit guère d'autre accueil que de me jeter des regards de buffle, comme chaque fois qu'il était gonflé de polémique et se croyait persécuté. Sphérique, léger dans sa démarche, il entra comme un cumulus bousculé. Ou je me trompe, ou ce soir-là mes passants, aussitôt reconnus, avaient une aptitude singulière à se déplacer et à disparaître. La dernière rencontre fut celle d'une fille qui guettait les piétons au coin du trottoir, une centaine de pas avant la maison que j'habitais. Je ne manquai pas de lui dire un mot, ainsi qu'au chat errant qui lui tenait compagnie. Une lune large et chaude, une jaune lune de juin, éclairait mon retour. La femme, debout sur son ombre courte, parlait au chat Mimine. Elle ne s'intéressait qu'à la météorologie, du moins on l'eût cru d'après ses rares paroles. Depuis six mois, je lui voyais un manteau indistinct, un chapeau-cloche à petit plumet militaire, qui cachait le haut de son visage.

« Il fait doux, me dit-elle en guise de salut. Mais il ne faudrait pas s'imaginer que ça va durer, le brouillard est en long au-dessus de la rivière. Quand il est par grosses bouffées séparées, comme des feux d'herbes, c'est du beau temps. Et vous voilà, toujours à pied, donc ? »

Je lui offris une des cigarettes que Fersen m'avait données. Elle resta plus longtemps que moi fidèle au quartier, son ombre pelotonnée à ses pieds, cette bergère sans ouailles qui parlait de feux d'herbes et traitait la Seine de rivière. J'espère que depuis longtemps elle dort à jamais seule, et rêve fenils, aubes qui durcissent la rosée en givre, brumes collées à l'eau courante et roulant avec elle…

Le petit appartement que j'occupais à cette époque faisait l'envie de mes rares visiteurs. Mais je connus vite qu'il ne me retiendrait pas longtemps. Non que ses trois pièces – disons deux pièces et demie – fussent incommodes, mais elles mettaient en évidence des objets impairs qui, sous d'autres lambris, avaient été pairs. Je ne possédais plus qu'une des deux belles potiches rouges, montée en lampe. Le second fauteuil Louis XV, absent, il tendait ailleurs ses maigres bras à un repos qui n'était pas le mien. Ma bibliothèque plate attendait vainement l'autre bibliothèque plate, et l'attend encore. Une série d'amputations mobilières ne gênait que moi, et Rosita Barberet ne faillit pas à s'écrier : « Mais c'est un véritable nid ! » en joignant d'admiration ses mains gantées. Un rayon bas – Honnorat n'était pas encore hors de pages, et sept heures à la pendule Charles X marquaient bien sept heures de relevée – atteignait ma table à écrire, traversait un carafon de vin de Lunel et touchait au passage un petit bouquet de ces roses de juin qui en juin, à Paris, vont par douze.

J'eus plaisir à retrouver la Rosita correcte, de noir vêtue, sa lingerie blanche au col. La mode de l'époque aimait les petites capes-pèlerines courtes dont les pans, croisés devant, s'assujettissaient derrière la taille. Mlle Barberet savait porter un chapeau de Paris, c'est-à-dire un chapeau très simple. Mais elle semblait avoir répudié définitivement les deux petites anglaises sur l'épaule. Le bord de son chapeau descendait sur le triste chignon en colimaçon, symbole de tous les renoncements, sur la nuque pauvre qui grisonnait, et abritait un visage dépéri de souci. En emplissant pour Rosita un verre de vin de Lunel, j'avais envie de lui offrir aussi du rouge à lèvres, de la poudre, quelque fard réparateur…

Elle commença par repousser le vin couleur de topaze brûlée et les biscuits.

« Je n'ai pas l'habitude, madame, je ne bois que de l'eau rouillée et quelquefois un peu de bière.

– Seulement une gorgée. C'est un vin pour enfants. »

Elle but une gorgée, se récria, but encore une gorgée et encore une, en faisant des mines parce qu'elle n'avait pas appris à être simple autrement que dans son cœur. Entre-temps, elle admirait tout ce que sa myopie ne lui permettait pas de distinguer. Elle eut bientôt une joue rouge et une joue pâle, et un peu de sang en fibrilles sur ses sclérotiques, autour du bleu avivé de ses prunelles. Une femme mûre en eût rajeuni, mais Mlle Barberet n'était qu'une fille encore jeune et dessaisonnée.

« C'est un breuvage magique », dit-elle avec son sourire entre guillemets.

Enchaînant comme au théâtre, elle soupira :

« Ah ! si ce pauvre Eugène... »

Par là je compris que le temps lui était mesuré et je voulus savoir jusqu'où.

« Votre sœur est sortie ? Elle ne vous attend pas ?

– Je lui ai dit que je vous rapportais la copie et que je passais aussi chez M. Vandérem et chez M. Lucien Muhlfeld pour ne faire qu'une course. Si elle est pressée de dîner elle a du potage-santé de reste d'hier, un artichaut cuit et de la compote de rhubarbe.

– D'ailleurs le petit restaurant, à droite en descendant votre rue... »

Mlle Barberet secoua la tête.

« Non. Elle ne sort pas. Elle ne sort plus. »

Elle huma une goutte de vin au fond de son verre, puis croisa ses bras avec décision sur ma table de travail, juste en face de moi. Le soleil descendant s'attacha un moment à tous les traits de son visage mi-partie chaud, mi-partie froid, à une broche de turquoise qui fermait son col. Je voulus venir à son aide et lui éviter les préambules.

« Je vous avoue, Rosita, que je n'ai pas très bien compris, hier, ce que vous m'avez dit...

– Je m'en suis aperçue, dit-elle avec un petit hennissement. D'abord je croyais que vous vous moquiez un peu de moi. Une personne aussi instruite que vous... En deux mots comme en cent, madame, ma sœur est en train de faire mourir son mari. Sur la mémoire de ma mère, madame, elle le tue. Six lunes sont déjà passées, la septième vient, c'est la lune fatale, ce malheureux sait qu'il est appelé, d'ailleurs il a déjà eu deux accidents, dont il s'est entièrement remis, mais tout de même c'est un handicap qui le met en état de moindre résistance et qui lui rend à elle la tâche plus facile. »

Du premier souffle elle dépassait les cent mots, si sa précipitation et sans doute la chaleur du vin ne l'eussent un peu étranglée. Je profitai de sa quinte de toux :

« Mademoiselle Rosita, une seule question. Pourquoi Délia voudrait-elle faire mourir son mari ? »

Elle leva les mains en signe d'irresponsabilité et d'impuissance.

« Ah ! pour ça... Allez donc chercher la vraie raison ! Ce sont des raisons d'homme et de femme ! Et tu ne m'aimes plus et je t'aime encore, et tu veux ma mort et reviens je t'en supplie, et je voudrais te voir au diable... »

Elle exhala un « hah ! » brutal, et grimaça.

« Si tous les ménages qui ne s'entendent pas en venaient à l'homicide, ma pauvre Rosita...

– Mais ils y viennent, protesta-t-elle. Ils ne se gênent pas pour y venir !

– Ça ne fait qu'un petit nombre de faits divers.

– Parce que ça se passe en famille. La plupart du temps, on n'arrête personne. On en parle un peu dans le quartier. Allez voir trouver les traces ! Les armes à feu, les poisons, c'est du démodé. Ma sœur le sait bien. Et la confiseuse d'en bas, qu'est-ce qu'elle a donc fait de son mari ? Et le crémier du 57, c'est assez curieux que voilà deux fois qu'il est veuf ? »

Son vocabulaire précieux de vendeuse distinguée s'émiettait, et elle avançait le menton en gargouille. D'une chiquenaude, elle rejeta en arrière son chapeau qui lui serrait le front. Je fus choquée comme si elle eût rattaché sa jarretelle sur sa cuisse sans s'excuser. Elle dévoilait un grand front que je n'avais jamais tant vu, biseauté sur les côtés, par où je m'imaginai que devaient fuir les confidences, les secrets dangereux ou non. Derrière Rosita la fenêtre devenait rose, dernier reflet carné du jour. Pourtant je n'osai pas allumer tout de suite ma lampe.

« Rosita, dis-je sérieusement, est-ce que vous avez l'habitude de dire... ce que vous venez de me dire... à n'importe qui ? »

Elle appuya franchement son regard sur le mien.

« Vous voulez rire, madame. Est-ce que je serais venue si loin, si je connaissais près de moi quelqu'un qui mérite confiance ? »

Je lui tendis la main qu'elle saisit. Elle savait serrer la main, sèchement, chaudement, et ne pas prolonger l'étreinte.

« Si vous croyez que Délia fait du mal à son mari, pourquoi n'essayez-vous pas de compenser ce mal, vous qui voulez du bien, du moins il me semble, à Eugène Essendier ? »

Elle me regarda avec découragement.

« Mais je ne peux pas, madame ! Il faudrait que l'amour y ait passé, entre Eugène et moi. Et il n'y a pas passé ! Il n'y a jamais passé, jamais passé ! »

Elle tira de son sac un mouchoir et pleura en évitant de mouiller son petit jabot empesé. Je crus avoir tout compris. « Bon, bon, la jalousie… » Aussitôt les accusations de Rosita, et elle-même, me devinrent suspectes, et je tournai le bouton de ma lampe.

« Ce n'est pas pour me renvoyer, madame ? demanda-t-elle avec anxiété.

– Pas du tout, pas du tout », dis-je mollement.

La vérité est que je supportais mal, sous la forte lumière de ma lampe, son visage aux yeux rouges, son chapeau chaviré en arrière comme celui d'une femme saoule. Mais Rosita n'avait qu'à peine commencé de parler.

« Eugène n'aurait jamais voulu de moi, dit-elle humblement. S'il avait voulu de moi, même une fois, je serais en situation de lutter contre elle, vous comprenez.

– Non, je ne comprends pas. J'ai tout à apprendre, comme vous voyez. Vous attribuez donc au fait d'avoir... d'avoir appartenu à un homme une telle importance ? »

Elle croisa ses bras sur ma table, tendit la tête vers moi d'une manière presque provocatrice.

« Et vous ? Vous lui en attribuez donc si peu ? »

Je pris le parti de rire.

« Non, non, Rosita, je n'ai pas tant de légèreté, malheureusement. Mais je ne pense pas non plus que ça constitue un lien, que cela vous applique un sceau...

– Eh bien ! vous vous trompez, et voilà tout. La possession vous donne le pouvoir d'appeler, de convoquer comme on dit. Vous n'avez donc jamais "appelé" personne ?

– Si, dis-je en riant. J'ai dû tomber sur quelqu'un de sourd. On ne m'a pas répondu.

– Parce que vous n'avez pas assez appelé, pour le bon ou pour le mauvais. Ma sœur, elle, elle appelle. Si vous la voyiez... Elle n'est pas reconnaissable. Aussi, elle fait du joli travail, je vous en réponds. »

Elle se tut et, pendant un instant, cessa visiblement de penser à moi.

« Mais lui, Eugène, vous ne pouvez pas l'avertir ?

– Je l'ai averti. Mais Eugène, c'est un sceptique. Il m'a dit qu'il avait assez d'une piquée, que la seconde piquée lui ferait bien plaisir en lui fichant la paix. Il a des poches sous les yeux, et il est couleur de beurre. De temps en temps il tousse, mais pas de la poitrine, il tousse par palpitations du cœur. Il m'a dit : "Tout ce que je peux faire pour vous, c'est de vous prêter *Fan-*

tomas. C'est exactement votre affaire..." Comme quoi, ajouta Mlle Barberet avec un amer sourire, comme quoi les hommes les plus intelligents peuvent raisonner en imbéciles. Confondre des histoires fantastiques avec des choses aussi vraies... avec des manœuvres aussi meurtrières...

– Mais quelles manœuvres, à la fin ? » m'écriai-je.

Mlle Barberet déplia ses lunettes et les assujettit, bien calées dans les meurtrissures brunes qu'elles avaient marquées de chaque côté de son nez transparent. Son regard se fixa, reprit de l'assurance, une expression scrutatrice.

« Vous savez, murmura-t-elle, qu'il n'est jamais trop tard pour *appeler*? Vous avez bien compris qu'on peut *appeler* pour le bon ou pour le mauvais ?

– Je le sais depuis que vous me l'avez dit. »

Elle poussa ma lampe un peu de côté, se pencha vers moi davantage. Elle avait chaud, et rien ne m'est pénible comme l'odeur humaine, à moins que je ne la trouve – c'est très rare – enivrante. En outre, le vin auquel elle n'était pas habituée lui revenait par l'haleine. Je voulus me lever, mais déjà elle parlait.

Ce qui n'est écrit nulle part, sauf par des mains maladroites sur des cahiers d'écoliers, ou sur du papier quadrillé de gris, mince, coupé aux plis, jauni aux bords, cousu de coton rouge ; ce que la sorcière légua au rebouteux, que le rebouteux vendit à l'obsédée d'amour, que l'obsédée céda à une autre maudite ; ce que la crédulité et la mémoire souillée d'une fille pure peuvent recueillir dans les antres qu'une ville insondable ménage entre un cinéma neuf et un bar-express, je l'entendis, transmis, vanté à Rosita Barberet par des veuves victorieuses, de lubriques épouses, des fiancées délaissées et attentatoires, la rêverie effrénée des femmes seules…

« … Vous dites un nom, rien que le nom, cent fois, mille fois le nom de la personne… Si loin qu'elle soit, elle finit par l'entendre. Sans manger, sans boire, le plus longtemps que vous pouvez tenir, vous dites le nom, pas autre chose que le nom… Vous ne vous souvenez pas, un jour, que Délia s'est presque trouvée mal ? Je me suis doutée du coup… Dans notre quartier il y en a des tas qui répètent le nom… »

Des chuchotements, une foi obtuse, et même une habitude du quartier, étaient-ce là les forces, les philtres qui procurent l'amour, décident de la mort et de la vie, déplacent cette altière montagne : un cœur indifférent ?

« … Un jour que vous avez sonné, et que ma sœur était par terre derrière la porte…

– Oui, je me rappelle… Vous m'avez demandé : "C'est vous, Eugène ?"

– Elle m'avait dit : "Vite, vite, il vient, je le sens, vite, il faut qu'il marche sur moi en entrant, c'est radical !" Mais c'était vous.

– Ce n'était que moi.

– Elle restait couchée là, vous ne me croirez pas, depuis plus de deux heures. Un peu après, la voilà qui se remet aux pointes. Les couteaux, les ciseaux, les aiguilles à broder… C'est très connu mais c'est dangereux. Si vous manquez de force, les pointes peuvent se retourner contre vous. Mais pensez-vous que *celle-là* manquera jamais de force ? La vie qu'elle mène, j'en serais déjà morte, je n'ai pas de soutien, moi.

– Elle en a donc un ?

– Bien sûr. Elle déteste. Ça la nourrit. »

Cette Délia toute jeune, belle d'une beauté un peu rogue, sa joue douce qu'elle posait sur ma main… C'était la même qui jouait avec vingt petites foudres brillantes qu'elle voulait mortelles, et de leurs pointes aiguës elle traçait des fleurs en perles…

« … Mais elle n'a plus brodé de sacs, elle s'occupait avec les aiguilles, dont elle salissait les pointes…

– Vous dites ?

– Je dis, elle les salissait en les trempant dans un mélange. »

Et Rosita Barberet entra dans la voie, semée d'ordures, où les pratiques d'une basse magie entraînent leurs fidèles. Elle y chemina sans sourciller, sans omettre un mot, car le dégoût n'est pas une vertu féminine. Elle ne permit point que j'ignorasse à quoi se pliait, dans l'espoir de nuire, sa jeune sœur – la même qui aimait les cerises fraîches… Toute jeune, un de ces corps un peu courts que les bras d'un homme étreignent aisément et, sous des cheveux noirs en boucles, la pâleur qu'un amant souhaite d'empourprer…

Heureusement, la conteuse bifurqua, se mit à parler seulement de mort, et je respirai. La mort n'est pas nauséeuse. Elle discourut sur la mort imminente de ce pauvre Eugène, qui ressemblait tellement à la mort du mari de la confiseuse ! Et le pharmacien, donc, qui était mort tout noir !

« … Vous voudrez bien reconnaître, madame, que le fait pour un pharmacien d'être arrangé comme ça par sa femme, c'est vraiment le monde renversé ! »

Je voulus bien le reconnaître. Même, j'y mis une étrange complaisance. Que m'importaient le pharmacien et le malheureux mari de la confiseuse ? Je n'attendais plus de la narratrice minutieuse qu'une dernière image : Délia arrivant au carrefour où se rencontrent, parmi des vapeurs que servent l'illusion de chacune, les servantes du pied fourchu…

« Au fait, et le diable, Rosita ?

– Quel diable, madame ?

– Le diable tout court, je pense. Est-ce que votre sœur lui donne un nom particulier ? »

Un honnête étonnement se peignit sur le visage de Rosita, et ses sourcils gagnèrent le haut de son grand front.

« Mais madame, qu'est-ce que vous allez chercher ? Le diable, c'est pour les imbéciles. Le diable, pensez… »

Elle haussa les épaules et, derrière ses lunettes, toisa Satan discrédité.

« Le diable ! en admettant qu'il existe, en voilà un pour faire tout rater !

– Rosita, vous me rappelez en ce moment-ci une jeune femme qui disait : "Le bon Dieu, quelle blague !… Mais pas de plaisanteries devant moi sur la Sainte Vierge !"

– Chacun son idée, madame. Mon Dieu ! huit heures moins dix... Vous avez été bien aimable de me recevoir », soupira-t-elle d'un ton où perçait sa déception.

Car je ne lui avais offert ni secours, ni complicité. Elle ramena – enfin – son chapeau sur son front. Je me souvins, à temps, que je n'avais pas payé son dernier travail.

« Une goutte de Lunel avant de vous mettre en route, mademoiselle Rosita ? »

Involontairement, en lui donnant de nouveau du « mademoiselle », je l'écartais de moi. Elle avala d'un coup le vin doré et je lui en fis compliment.

« Oh ! j'ai la tête solide », dit-elle.

Mais, comme elle avait replié ses lunettes, elle me cherchait d'un œil vague et, en sortant, elle heurta le chambranle à qui elle fit un petit salut d'excuse.

L'air du soir entra à pleine fenêtre, dès qu'elle fut partie. Comptant pour fatigue authentique l'humeur excédée qui me venait de sa visite, j'eus le tort de me coucher tôt. Mes rêves s'en ressentirent et, par eux, je sus que je n'étais pas encore quitte des deux sœurs ennemies – ni d'un autre souvenir. Un songe à rechutes tantôt respecta ma personnalité authentique, tantôt m'identifia à Délia. Mi-étendue comme elle sur *notre* divan-lit, dans la partie sombre de *notre* chambre, je « convoquais » d'un appel puissant, d'un prénom mille fois répété, un homme qui ne s'appelait pas Eugène...

L'aube me vit couverte de ces larmes abondantes que nous versons dans le sommeil, et qui coulent encore lorsque, éveillés, nous ne savons plus remonter à leur source. Le prénom mille fois répété s'éteignait, perdait sa vertu nocturne. En moi-même je lui dis adieu, refoulai son écho jusqu'au petit appartement où j'avais aimé souffrir, et que j'abandonnais à d'autres existences féminines, étouffées, audacieuses, férues de conjurations, et sachant installer le maléfice entre la tâche quotidienne et le cinéma du samedi, entre la petite lessiveuse et l'escalope à la poêle…

Dès la fin de la courte nuit, je me promis de ne plus gravir le coteau parisien aux rues roides et gaies. La furtive allure de Rosita, sa gracieuse manière de poser, en marchant, son pied fin, et les deux petits rouleaux de cheveux qui badinaient sur son épaule, du jour au lendemain j'en fis un souvenir. Avec cette Délia qui ne voulait pas qu'on la nommât Adèle, j'eus un peu plus de peine. D'autant que je me mis, une quinzaine écoulée, à la rencontrer sans raison. Une fois, elle fouillait une boîte de petits coupons près de la porte d'un grand magasin, et trois jours après elle achetait des pâtes dans une épicerie italienne. Je la trouvai pâle et diminuée comme une convalescente qui sort trop tôt, nacrée sous les yeux, extrêmement jolie. Une houppe de cheveux, sur son front, frisait jusqu'aux sourcils. Quelque chose d'indicible, au fond de moi, s'agita, parla en sa faveur. Mais je ne répondis pas.

Une autre fois, je ne reconnus que sa démarche, en la voyant de dos. Nous suivions le même trottoir, et je dus ralentir mon allure pour ne point la dépasser. Car elle avançait par petits pas courts, puis faisait une pause, comme à bout de souffle, et repartait. Enfin, un dimanche que je revenais avec Annie de Pène du marché aux puces, et que chargées de trésors tels que lampes d'opaline et assiettes de Rubelles, nous nous reposions en buvant de la limonade, j'aperçus Délia Essendier. Elle portait une robe dont le noir, au soleil, tournait vers le violet, comme il arrive aux étoffes reteintes. Elle s'arrêta non loin de nous devant une friturerie en plein air, se fit emplir un grand cornet de frites et les mangea avec appétit. Après quoi elle resta un moment debout d'un air oisif. Le chapeau qu'elle portait rappelait, par sa forme, les béguins de la Renaissance, et, sous le petit menton romain de Délia, passait en jugulaire le bandeau de crêpe blanc des veuves.

Une autre vérité

C'est en 1937 que Colette, alors largement sexagénaire, inaugure dans son œuvre ce que l'on pourrait appeler « le cycle des grandes nouvelles ». Comme le souligne Maurice Goudeket, son dernier mari, dans l'ouvrage qu'il lui a consacré : « *Bella-Vista* est le premier de ses volumes de nouvelles, et sera suivi par *Chambre d'hôtel*, *Le Képi* et *Gigi*. Cette forme, qui désormais aura sa préférence, ne répondait pas chez elle à un appauvrissement, ni à une patience plus courte, mais à une volonté de dépouillement [1]. » Des récits écrits à la première personne, pour la plupart, d'où l'écrivain, effectivement, a expulsé toute enjolivure superflue, et qui consacrent la maîtrise d'un style dont Jean Cocteau disait qu'il « économise le sel et évite la graisse [2] ».

Publiée dans le volume intitulé *Chambre d'hôtel*, à la fin de l'année 1940, *La Lune de pluie*, à première vue, offre toutes les apparences d'un épisode emprunté au passé même de son auteur. Qui, d'ailleurs, nous le suggère sans aucune équivoque : « À mes dépens, j'ai eu le temps d'éprouver que la tentation du passé est chez moi plus véhémente que la soif de connaître l'avenir. La rupture avec le présent, le retour en arrière et, brusquement, l'apparition d'un pan de passé frais, inédit, qu'ils me soient donnés par le hasard ou par la patience, s'accompagnent d'un heurt auquel rien ne se compare, et duquel je ne saurais donner aucune définition sensée ».

Tout semble authentique, en effet, dans ce récit d'envoûtement et de vengeance amoureuse, tout paraît inscrit dans la réalité la plus tangible. Les lieux comme les personnages. Vrai, cet appartement où la narratrice affirme avoir autrefois vécu, et qu'elle décrit minutieusement, n'oubliant ni la couleur du papier peint ni les détails d'agencement d'une minuscule cuisine... Authentiques, ces silhouettes peuplant le récit et bien connues des lecteurs de Colette : Sido, sa mère, Annie de Pène, la meilleure amie... Jusqu'au nom du journal, *La Vie parisienne,* pour lequel la narratrice affirme travailler – « Il faut treize pages bien tassées pour une nouvelle de *La Vie parisienne* » –, où Colette, en effet, publia de nombreux textes au début de sa carrière. Jusqu'aux romanciers, aux journalistes qu'elle cite, Henri Duvernois, Gustave Téry, Fernand Vandérem, Arthur Bernède, qui appartiennent effectivement à l'histoire littéraire du moment... De sorte que l'on pourrait presque dater l'épisode raconté dans *La Lune de pluie* : 1910-1911. Sauf qu'il s'agit d'une anecdote inventée de toutes pièces...

Colette aime « ressasser le connu, orner à neuf l'aboli », comme elle l'avoue. Ce qui l'entraîne souvent à truquer le passé, à l'enrichir, voire à le recréer à sa convenance, poussée par un profond désir narcissique : « La compagne bien-aimée que je cherchais, n'était-ce pas l'ancien moi-même, sa forme triste collée, comme un pétale entre deux pages, aux murs d'un gîte un peu maudit »... Jamais la romancière n'eut affaire à ces « demoiselles Barberet », jamais elle n'habita cette « colline parisienne » que le lecteur identifie vite comme la butte Montmartre. En fait, Colette poursuit ici une quête passionnée de soi-même, commencée treize ans plus tôt avec *La Naissance du jour* – ce roman où, pour la première fois, elle se donne le statut de personnage au cœur de sa propre fiction (« Ce que je sais de moi, ce que j'essaie d'en cacher, ce que j'en invente et ce que j'en devine [3] »). L'autobiographie en trompe-l'œil, la mise en abîme de sa propre image, répétée de livre en livre, déformée jusqu'à coïncider exactement avec celle que l'écrivain veut donner d'elle-même. Autoportrait imaginaire, inlassablement repris et retouché au cours des années : *Bella-Vista, Gribiche, Chambre d'hôtel, La Dame du photographe,* et cette *Lune de pluie...* Comme si, à côté de l'autobiographie officielle et revendiquée – *Sido, La Maison de Claudine, Mes Apprentissages* –, il y avait place pour une autre version des faits. Une autre vérité. Objective, celle-là, acharnée à découvrir l'envers trouble des apparences, à débusquer enfin l'inaccessible secret caché au cœur du passé : soi-même, l'insaisissable soi-même... « Le mien [le passé], si j'y plonge, quel vertige! Et quand c'est son tour d'émerger, imprévu, d'offrir à la lumière actuelle sa tête de sirène mouillée, ses jeux décevants d'hôte des profondeurs, je tiens à lui encore plus fort. Outre la personne que je fus, il me révèle celle que j'aurais voulu être ». À ce titre, *La Lune de pluie* peut être lue comme un chapitre retrouvé de *La Vagabonde, Gribiche* comme un correctif à l'optimisme de *L'Envers du music-hall* et *Le Képi* comme un supplément à *Mes Apprentissages...*

« Le mien, si j'y plonge, quel vertige... » Vertige, en effet, et quel vertige ! Jusqu'à se retrouver nez à nez avec soi-même : « Pendant un instant, je touchai ce qu'osent et créent seulement les songes : hostile, blessé, obstiné à l'espoir, j'avais devant moi le jeune moi-même que je ne serais jamais plus, que je ne cessais de renier et de regretter. » Comme le souligne fort justement Marie-Odile André, dans une étude récente qu'elle a consacrée à la nouvelle : « Colette arrive à combiner deux motifs récurrents dans son écriture, le motif du dédoublement (entre passé et présent, entre réalité et fiction) et le motif de fictionnalisation de soi, essentiel dans son œuvre [4]. »

GÉRARD BONAL

1. Maurice Goudeket, *Près de Colette,* Flammarion, 1956.
2. Jean Cocteau, *Colette,* Grasset, 1955.
3. Colette, *La Naissance du jour,* Flammarion, 1928 (réédition 1984).
4. Marie-Odile André, La Lune de Pluie ou le prisme de l'écriture, Cahiers Colette n° 21, Société des Amis de Colette 1999.

Vie de Colette

1829. Naissance de Jules-Joseph Colette, « le Capitaine », père de Colette.

1835. Naissance d'Adèle-Sidonie Landoy, « Sido », mère de Colette.

1857. Mariage de Sido avec Jules Robineau-Duclos, « le Sauvage ». Deux enfants : Juliette, « la sœur aux longs cheveux », et Achille, l'enfant chéri de Sido, vraisemblablement fils adultérin avec le capitaine Colette.

1865. Mort de Jules Robineau-Duclos ; remariage de Sido, à Saint-Sauveur-en-Puisaye (Yonne), avec le capitaine Colette, amputé d'une jambe.

1868. Naissance de Léopold Colette.

1873. Naissance de Sidonie-Gabrielle Colette, le 28 janvier.

1885. Mariage de Juliette Robineau-Duclos avec le Dr Roché. Les comptes de la succession Robineau-Duclos, demandés par la famille Roché, révèlent la gestion catastrophique du capitaine Colette.

1890. Ruine des Colette. Le mobilier est vendu aux enchères publiques.

1891. Départ des Colette pour Châtillon-Coligny, où Achille est établi médecin.

1893. Mariage de Colette avec Henry Gauthier-Villars, « M. Willy », célèbre chroniqueur musical signant les *Lettres de l'ouvreuse*. Le couple s'installe d'abord rue Jacob puis, en 1901, rue de Courcelles. Par ce mariage, Colette est introduite dans les salons littéraires et musicaux de l'époque. Elle rencontre Marcel Proust, Anatole France, Jean Lorrain, Rachilde, Claude Debussy, Maurice Ravel...

1900. Publication de *Claudine à l'école*, sous la seule signature de Willy (1901 : *Claudine à Paris*; 1902 : *Claudine en ménage*; 1903 : *Claudine s'en va*).

1905. Mort du capitaine Colette.

1906. Séparation du couple Colette-Willy. Colette prend ses premières leçons de mime avec Georges Wague, et débute, le 6 février, au théâtre des Mathurins, dans le mimodrame de Francis de Croisset, *Le Désir, l'Amour et la Chimère*. Début de sa liaison avec Mathilde de Morny, marquise de Belbeuf, dite « Missy ».

1907. Publication de *La Retraite sentimentale*, sous le nom de Colette Willy (Colette utilisera cette signature jusqu'en 1913). Création des mimodrames *Rêve d'Égypte* et *La Chair*. Colette passe l'été au Crotoy, avec Missy, dans la villa *Belle-Plage*.

1908-1909. *Les Vrilles de la vigne*. Tournées de music-hall à Bruxelles, à Lyon et dans le Midi de la France.

1910. Divorce de Colette d'avec Willy. Débuts dans le journalisme. Rencontre avec Henry de Jouvenel, rédacteur en chef du quotidien *Le Matin*. Colette tient une rubrique au journal. Publication de *La Vagabonde* qui obtient trois voix au Prix Goncourt.

1911. Missy achète pour Colette une maison, *Rozven*,

près de Saint-Malo, où Colette et ses proches passeront désormais leurs vacances.

1912. Mort de Sido. Colette épouse Henry de Jouvenel.

1913. Naissance de Colette de Jouvenel, dite Bel-Gazou. *L'Entrave*, *L'Envers du music-hall*, *Prrou, Poucette et quelques autres* paraissent sous la signature de Colette (Colette Willy) que l'écrivain conservera jusqu'en 1923.

1919. Colette est directrice littéraire au *Matin*.

1920. Publication de *Chéri*.

1922. Publication de *La Maison de Claudine*. Pour la centième représentation de *Chéri*, au théâtre Michel, à Paris, Colette joue le rôle de Léa.

1923. Colette joue *Chéri* en tournée. Séparation d'avec Henry de Jouvenel. *Le Blé en herbe* paraît signé du seul nom de Colette.

1925. Colette rencontre Maurice Goudeket qui sera son dernier mari.

1926. *La Fin de Chéri*. Colette achète à Saint-Tropez une maison qu'elle baptise *La Treille muscate*. Elle y passera tous ses étés jusqu'en 1938.

1928. Publication de *La Naissance du jour*.

1930. Parution de *Sido*.

1932. Publication de *Ces plaisirs*... (rebaptisé, à la demande de Colette, *Le Pur et l'Impur*, lors de la réédition de 1941). Ouverture en juin, au 6, rue de Miromesnil, à Paris, d'un magasin de produits de beauté à l'enseigne de Colette. Nombreuses promotions, à Paris et en province, des produits Colette, accompagnées de séances de signatures de livres.

1933. Publication de *La Chatte.*

1935. Mariage de Colette avec Maurice Goudeket. Participation au voyage inaugural du paquebot *Normandie* à New-York.

1936. Colette est reçue à l'Académie royale de langue et de littérature françaises de Belgique, au fauteuil qu'occupait la poétesse Anna de Noailles (Jean Cocteau lui succédera en 1955). Publication de *Mes apprentissages.*

1937. *Bella-Vista* paraît, qui comprend les nouvelles *Bella-Vista, Gribiche, Le Rendez-vous* et *Le Sieur Binard.*

1938. Colette s'installe au premier étage du 9, rue de Beaujolais, dont les fenêtres s'ouvrent sur le jardin du Palais-Royal. Elle y demeurera jusqu'à sa mort.

1941. Maurice Goudeket est arrêté par les Allemands le 12 décembre, il est libéré le 6 février 1942.

1944. Publication de *Gigi.* Colette se déplace de plus en plus difficilement, en raison d'une arthrose de la hanche.

1945. Élection de Colette à l'unanimité, à l'Académie Goncourt.

1946. Parution de *L'Étoile Vesper.* Peu à peu, Colette est définitivement immobilisée malgré de nombreux traitements et cures à Genève et à Uriage.

1949. Publication du *Fanal bleu. Chéri* est repris au théâtre de la Madeleine avec Jean Marais dans le rôle-titre. *Julie de Carneilhan* est porté à l'écran avec Edwige Feuillère. Colette devient présidente de l'Académie Goncourt.

1951. Réalisation du film de Yannick Bellon, *Colette.*

1954. *Le Blé en herbe* est porté à l'écran par Claude Autant-Lara. Mort de Colette, le 3 août. Obsèques nationales civiles le 7. Inhumation au cimetière du Père-Lachaise.

1981. Mort de Colette de Jouvenel, Bel-Gazou, inhumée près de sa mère, au Père-Lachaise.

1995. Ouverture du musée Colette, à Saint-Sauveur-en-Puisaye.

Repères bibliographiques

Œuvres de Colette

- *Bella-Vista,* Fayard, 1937 ; *Bella-Vista* suivi de *Trois...six...neuf,* Le Livre de poche, 1989.
- *Le Blé en herbe,* J'ai lu, 1992.
- *Chambre d'hôtel,* Fayard, 1954 ; Le Livre de poche, 1990.
- *La Chatte,* Le Livre de poche, 1955.
- *Chéri,* Fayard, 1956 ; Le Livre de poche, 1976.
- *De ma fenêtre,* Fayard, 1942.
- *Dialogues de bêtes,* Gallimard, collection Folio, 1975.
- *L'Étoile Vesper,* Fayard, 1946.
- *Le Fanal bleu,* Fayard, 1949 ; Le Livre de poche, 1988.
- *La Fin de Chéri,* Flammarion, 1983.
- *Gigi,* Le Livre de Poche, 1962.
- *Les Heures longues (1914-1917),* Fayard, 1917.
- *Journal à rebours,* Fayard, 1941.
- *Julie de Carneilhan,* Fayard, 1941 ; Gallimard, collection Folio, 1982.
- *La Jumelle noire,* Fayard, 1991.
- *Le Képi,* Fayard, 1943 ; Le Livre de poche, 1987.
- *La Maison de Claudine,* Le Livre de poche, 1990.

- *Mitsou : Ou comment l'esprit vient aux filles*, Fayard, 1919 ; Le Livre de poche, 1990.
- *Œuvres*, Gallimard, La Pléiade, 1984.
- *Œuvre romanesque*, trois volumes, Laffont, collection Bouquins, 1989.
- *La Paix chez les bêtes*, Fayard, 1958.
- *Pour un herbier*, Fayard, 1991.
- *Le Pur et l'Impur*, Le Livre de poche, 1988.
- *La Retraite sentimentale*, Gallimard, collection Folio, 1972.
- *Sido*, suivi de *Les Vrilles de la vigne*, Le Livre de poche, 1961.
- *La Vagabonde*, Le Livre de poche, 1958.
- *Le Voyage égoïste*, Fayard, 1925.

Ouvrages sur Colette

- CHALON (Jean), *Colette, l'éternelle apprentie*, Flammarion, 1998.
- COLETTE, *Mes vérités : entretiens avec André Parinaud*, Éditions Écriture, 1996.
- DEL CASTILLO (Michel), *Colette, une certaine France*, Stock, 1999.
- DORMANN (Geneviève), *Amoureuse Colette*, Albin Michel, 1985.
- FERRIER-CAVERIVIÈRE (Nicole), *Colette l'authentique*, PUF, 1997.
- LORRAIN (Jean), *Histoires de masques*, Fixot, 1987.
- LOTTMAN (Herbert), *Colette*, Fayard, 1990.
- PICHOIS (Claude) et BRUNET (Alain), *Colette*, Éditions de Fallois, 1999.

Mille et une nuits propose des chefs-d'œuvre pour le temps d'une attente, d'un voyage, d'une insomnie...

La Petite Collection (extraits du catalogue) 225. Léon TOSLTOÏ, *Maître et Serviteur.* 226. André GIDE, *La Comtesse (Biarritz, 1902).* 227. PLATON, *Le Banquet.* 228. Leopold von SACHER-MASOCH, *La Vénus à la fourrure.* 229. Gérard de NERVAL, *Les Chimères.* 230. VOLTAIRE, *Lettres philosophiques.* 231. Joseph CONRAD, *Au cœur des ténèbres.* 232. Raphaël CONFIANT, *La Dernière Java de Mama Josépha.* 233. Denis DIDEROT, *Paradoxe sur le comédien.* 234. Michel de MONTAIGNE, *De l'expérience.* 235. Rainer Maria RILKE, *Deux histoires pragoises.* 236. Jacqueline HARPMAN, *Dieu et moi.* 237. Anna Maria ORTESE, *Le Murmure de Paris.* 238. Jean-Luc NANCY, *La Ville au loin.* 239. Hanns ZISCHLER, *Berlin est trop grand pour Berlin.* 240. Walter BENJAMIN, *Moscou.* 241. Charles BUKOWSKI, *Apporte-moi de l'amour* suivi de *There's no Business.* 242. HÉSIODE, *Les Travaux et les Jours.* 243. Henry JAMES, *Les Papiers d'Aspern.* 244. Nicolas GOGOL, *La Brouille des deux Ivan.* 245. Paul NIZAN, *Complainte du carabin qui disséqua sa petite amie en fumant deux paquets de maryland.* 246. Khalil GIBRAN, *L'Errant.* 247. Françoise REY, *Loubards magnifiques.* 248. Ibn TUFAYL, *Le Philosophe autoditacte.* 249. Pierre LEGENDRE, *Miroir d'une nation. L'École nationale d'administration.* (en coédition avec ARTE Éditions) 250. Bartolomé de LAS CASAS, *Très brève relation de la destruction des Indes.* 251. Jean-Baptiste BOTUL, *La Vie sexuelle d'Emmanuel Kant.* 252. Guy de MAUPASSANT, *Pierre et Jean.* 253. William SHAKESPEARE, *Sonnets.* 254. John STEINBECK, *Les Bohémiens des vendanges.* 255. Léonard de VINCI, *Prophéties facétieuses.* 256. Philippe SOLLERS, *Un amour américain.* 257. José SARAMAGO, *Comment le personnage fut le maître et l'auteur son apprenti.* 258. Ismaïl KADARÉ, *L'Aigle.* 259. Patrick SÜSKIND, *Le Testament de Maître Mussard.* 260. Christine ANGOT, *L'Usage de la vie.* 261. Tommaso CAMPANELLA, *La Cité du Soleil.* 262. Peter SLOTERDIJK, *Règles pour le parc humain.* 263. Émile ZOLA, *L'Attaque du moulin.* 264. Zoé VALDÉS, *Soleil en solde.* 265. Khalil GIBRAN, *Le Jardin du Prophète.*266. Viviane FORRESTER, *Mains.* 267. COLETTE, *La Lune de pluie.* 268. JEAN DE LA CROIX, *Poésie.* 269. Washington IRVING, *Sleepy Hollow. La Légende du Cavalier sans tête.* 270. Claude CRÉBILLON, *Le Sylphe.*

Pour chaque titre, le texte intégral, une postface, la vie de l'auteur et une bibliographie.

Achevé d'imprimer en janvier 2000,
sur papier recyclé Ricarta-Pigna par G. Canale & C. SpA (Turin, Italie).